Boden unter den Füßen

Markus Schlagnitweit

# Boden unter den Füßen

## Aufforderung zur Unruhe

Mit Fotos des Autors

styria premium

# Inhalt

# Vorwort

Man kennt diese Erfahrung von Ausflügen oder Urlaubsreisen: Man besucht eine schöne alte Kirche, bewundert das verzweigte Geäst der Kreuzrippengewölbe, die in himmlischen Farben schillernden Glasfenster, den fein geschnitzten Flügelaltar, das Ehrfurcht gebietende Chorgestühl mit seinen kunstvoll gewirkten Holzintarsien ... Das Staunen über soviel grandiose Kunst zur Ehre Gottes bewegt zur Anbetung. Man nimmt sich also noch einige Minuten Zeit, will sich zu Andacht und stiller Betrachtung in eine der alten Kirchenbänke setzen – und stellt zerknirscht fest, dass diese Bänke gar keine Sitz-, sondern eher schon Folterwerkzeuge sind, auf denen man sich schlechterdings nicht ordentlich und entspannt niederlassen kann: die Sitzfläche ist zu schmal, die Kniebank verursacht blaue Flecken an den Schienbeinen und das vorspringende Brett über der Rückenlehne sorgt für Rundrücken und Kreuzschmerzen.

Ich habe mich oft gefragt, wie soviel handwerkliche Kunstfertigkeit, von der solch alte Kirchen einerseits doch zeugen, zusammengehen kann mit dieser geradezu genialen Unfähigkeit auf der anderen Seite, eine einigermaßen brauchbare Sitzgelegenheit zu zimmern. Meine einzige, diesen Widerspruch aufzulösen geeignete Antwort: Wenn in diesen wundervollen alten Kirchen praktisch alle Bauelemente eine Botschaft des Glaubens für die Kirchenbesucher bereithalten, dann wollen auch ihre praktisch so untauglichen Sitzbänke etwas mitteilen – und zwar ganz schlicht und einfach: Christsein ist keine Religion zum Sitzen, sondern vielmehr eine Religion „im Gehen“. (Die Erbauer der östlichen Schwesterkirchen bringen das noch klarer zum Ausdruck: Da fehlen Sitzgelegenheiten in den Kirchen häufig überhaupt – trotz der vergleichsweise sehr langen Liturgien.)

Tatsächlich ist die Botschaft des Jesus von Nazareth nicht an einem Schreibtisch entstanden und ebenso wenig in einem Tempel, sondern auf den unzähligen Wegen und Straßen, die Jesus und seine Gefährten den Berichten der Evangelien zufolge durchwandert haben. Und genau so hat diese Botschaft später auch Verbreitung gefunden: nicht von theologischen Lehrstühlen, religiösen Zentren und Gelehrtenstuben aus, sondern durch Menschen wie Paulus und die Apostel und all die später in die ganze Welt hinaus ziehenden Missionarinnen, Wandermönche und -prediger.[1]

Das ist kein Zufall. Vielmehr hängt diese äußere Form der Vermittlung des Evangeliums aufs Engste mit seinem Inhalt zusammen. Das Evangelium, die Botschaft vom anbrechenden Reich Gottes, ist ein „Weg-Wort" im doppelten Sinn des Wortes: Nicht nur dass es unterwegs, also auf dem Weg entwickelt und weitergegeben wurde; es spricht auch von einem Gott, der nicht irgendwo in einem Tempel oder in einem fernen Himmel sitzt, sondern von einem Gott, der in und mit dieser seiner Welt und seinem Volk mitgeht, der seinen Gläubigen entgegenkommt – und zwar durch alle Höhen und Tiefen menschlichen Lebens, ja

[1] Dem Wunsch des Verlags nach leichter Lesbarkeit der Texte entsprechend sind meine Texte nicht immer gendergerecht formuliert; ich versuche stattdessen, Geschlechtszuschreibungen zu mischen.

sogar durch dessen dunkelste Tiefen: durch Leiden, Verzweiflung und Tod hindurch. – So hat sich Gott selbst in Jesus Christus geoffenbart; und wie hätte Er das glaubhafter machen können als dadurch, dass dieser Mensch Jesus selbst ständig unterwegs war – unterwegs mit seinen Gefährten und unterwegs zu den Menschen, die sein Evangelium hören und erfahren sollten!

Was aber damals für den Verkündigungsstil Jesu galt, das muss heute unvermindert für die christlichen Kirchen in seiner Nachfolge gelten: mit dem Evangelium, diesem göttlichen Weg-Wort, ausgestattet unterwegs zu sein mit und zu den Menschen ihrer Umgebung – mitzugehen mit ihrer Freude und Hoffnung ebenso wie mit ihrer Trauer und Angst, wie es das 2. Vatikanische Konzil am Beginn seiner Pastoralkonstitution ausdrückt, und hinzugehen zu den Orten, an denen sie arbeiten und feiern, wo sie leiden und Sinn erfahren, wo sie leben und sterben. Das ist auch heute noch nicht eine bloße Zutat, sondern der unaufgebbare Grundgestus und -auftrag christlichen Glaubens und Kirche-Seins.

Friedrich Nietzsche gilt mit seiner Gedankenwelt weithin als Antipode des Christentums und könnte doch einer seiner großen Lehrer sein, wenn er einmal schrieb: *„So wenig als möglich sitzen; keinem Gedanken Glauben schenken, der nicht im Freien geboren ist und bei freier Bewegung – in dem nicht auch die Muskeln ein Fest feiern. … – Das Sitzfleisch … die eigentliche Sünde wider den heiligen Geist.“*[2]

[2] F. NIETZSCHE, Ecce homo – Warum ich so klug bin.

Die Gedanken dieses Buches – theologische „Kurzprosa“, wie sie mir vor allem als Grundlage für Predigten dient – wurden ausschließlich im Freien und bei freier Bewegung geboren: In den vergangenen 30 Jahren habe ich auf Tausenden von Kilometern ganze Länder zu Fuß durchmessen, hohe Berge bestiegen und Wege abseits ausgetretener Pfade entdeckt. Das hinterlässt Spuren: Die Erfahrungen, Begegnungen und Erlebnisse, mit denen ich dabei beschenkt wurde, haben meinen Glauben und mein theologisches Denken verändert, geerdet und gepragt – und tun dies weiterhin …

Jedes der folgenden Kapitel besitzt dementsprechend eine Doppelstruktur: Den Gedanken und Erfahrungen des Wanderers folgen daraus inspirierte und großteils auf einzelne Bibelstellen bezogene Betrachtungen des Theologen und Predigers. Die einzelnen Kapitel folgen dabei bewusst keinem zwingenden, systematischen Duktus; man kann das Buch also vom Anfang bis zum Schluss „mitgehen“, man kann aber genauso gut mitten drin „zusteigen“ oder sich wieder „ausklinken“, um vielleicht bei einem Gedanken länger zu verweilen, bei einem anderen fortzusetzen – oder abzubiegen und den eigenen Gedanken nachzugehen. Es gibt ja nie nur einen Weg mit und zu Gott …

NIDAROS
JERUSALEM
SANTIAGO DE COMPOST

286 KM
3473 KM
LA 3420 KM CA

# *1a* ~ Begegnung

*Seit nunmehr über 30 Jahren unternehme ich also den bedeutendsten Teil meiner zahlreichen Reisen zu Fuß: England, Griechenland, Island, Bulgarien, Frankreich, Polen, Spanien, die Slowakei, Norwegen ... Im Augenblick durchwandere ich gerade Portugal. Was ich dabei suche, ist die Begegnung mit dem Anderen, dem Neuen, dem Fremden. Das ist für mich der eigentliche Sinn des Reisens. Die jährliche Massenflucht an die sonnensicheren Badestrände, der durchprogrammierte All inclusive-Urlaub im Ferienclub, ja selbst der kunst- und kulturbeflissene Besichtigungstourismus unserer Großstädte hat mit diesem ursprünglichen Sinn des Reisens, der Begegnung, doch ziemlich wenig zu tun. Diese Formen des Reisens sind eher Beutezüge; man holt sich etwas vom Gastland: Sonne und Wärme, Abwechslung und Spaß, neue Eindrücke – ohne persönliche Gegengabe, vom dort gelassenen Geld einmal abgesehen. Wirkliche Begegnung aber ist immer ein wechselseitiges Geschehen, ein Geben und Empfangen auf Augenhöhe.*

*Das erlebt der Fußreisende wie kein anderer und im Wortsinn auf Schritt und Tritt: Vom Benutzer öffentlicher Verkehrsmittel vielleicht abgesehen, begegnet der motorisiert Reisende dem bereisten Land ja bestenfalls an den Endpunkten seiner Fahrten – vom Fliegen gar nicht zu sprechen; das ist überhaupt kein Reisen im eigentlichen Sinn mehr, sondern eher ein Wechseln von Standorten. Selbst der Radfahrer ist in der Regel zu rasch unterwegs. Nur der Wanderer ist langsam genug, um unterwegs zu grüßen und gegrüßt zu werden. Und damit fängt jede Begegnung an. Wie oft habe ich erlebt, dass meinem bloßen Gruß ein aufmunterndes*

*Wort, eine Frage nach dem Woher und Wohin, eine Einladung zum Rasten und Verweilen gefolgt ist: in abgeschiedenen Bergdörfern, auf einsamen Gehöften, an Gartenzäunen! Meine bloße Bitte um Wasser wurde häufig mit Wein, Brot und Käse beantwortet. Meine einfache Frage nach dem weiteren Weg mündete nicht selten in regelrechte Erzählrunden, zu der die ganze Nachbarschaft neugierig zusammenlief; alle wussten den besten Weg, aber dann war vor allem ich es, der Fragen zu beantworten hatte: nach meinem Heimatland und Beruf, nach meinen Erlebnissen und Reiseerfahrungen. Und hin und wieder nötigte man mich geradezu, über Nacht zu bleiben: Es gab noch soviel auszutauschen ...*

*Ich sammle bei dieser Art des Reisens vielleicht nicht so viele bedeutende Sehenswürdigkeiten wie andere. Ich muss auf gewohnten Komfort verzichten. Ich bin auch nie sicher vor manch unliebsamen Überraschungen. Aber niemand begegnet einem Land und seinen Menschen wirklicher, aufrichtiger und aufmerksamer, als wer sich ihnen zu Fuß nähert.*

## *1b* ~ Grüßen *(Lk 1,39-45)*

Als ich klein war, haben meine Eltern meine Geschwister und mich gelehrt, auch auf offener Straße alle Menschen laut und vernehmlich zu grüßen – am besten mit Nennung des Namens der gegrüßten Personen, sofern wir ihn wüssten. Wir wuchsen in einer kleinen, damals noch ländlichen Siedlung auf, in der man sich in aller Regel kannte, und wir Schlagnitweit-Kinder waren wahre Meister des Grußes – und uns dessen auch bewusst. Ich weiß noch gut, wie ich dann das erste Mal meine Mutter bei einem Einkaufsgang in die Linzer Innenstadt begleiten durfte – und wie irritiert ich war, als sie mir erklärte, hier in der Stadt bräuchte ich nicht alle Leute zu grüßen. Ich war mit dem Grüßen nämlich gerade so richtig in Fahrt, auf der menschenvollen Hauptstraße aber auch schon ganz außer Atem gekommen dabei. Ich sah also bald die höhere Schwierigkeit des Grüßens in der Großstadt ein, der Verzicht darauf schmerzte mich aber doch und schien mir jedenfalls bedenklich. Ich habe es bei späteren Stadtausflügen noch hin und wieder versucht, aber irgendwann doch resigniert aufgegeben. Als eine Minderung der Lebensqualität empfinde ich es jedenfalls noch heute, dass Menschen in Städten grußlos aneinander vorbei eilen.

Auch in der Bibel spielt das Grüßen eine nicht unwesentliche Rolle, insbesondere in den adventlichen und weihnachtlichen Erzählungen der Evangelien. Mehrmals erscheinen da grüßende Engel: gleich zu Beginn des Lukas-Evangeliums dem Tempelpriester Zacharias und Maria, denen beiden jeweils die überraschende Geburt eines Sohnes angesagt wird; dann auch Marias

Verlobtem, dem Zimmermann Josef; und schließlich den Hirten der Heiligen Nacht. Eine Erzählung handelt überhaupt nur von einer einzigen Grußszene: Die werdende Mutter Maria besucht die werdende Mutter Elisabet. Und was sich bei ihrer Begrüßung abspielt, wird zum Rahmen für einen der später bedeutendsten Hymnen der Christenheit: das Magnificat. Die traditionellen theologischen Deutungen dieser Grußszene laufen zumeist darauf hinaus, dass es bei dieser Zusammenkunft gar nicht so sehr um die Begegnung zweier schwangerer Frauen gehe; es gehe vielmehr um die erste Begegnung ihrer noch ungeborenen Kinder, bei welcher der künftige Täufer Johannes bereits auf das Nahen des Messias reagiert, in den Dienst von dessen Ankündigung er sein ganzes späteres Leben stellen wird. – Nun ja, mag sein ...

Ich habe mich indessen gefragt, ob nicht in der erzählten Grußszene selbst eine wichtige Botschaft und Anregung enthalten ist. Ich habe mich dazu eben wieder daran erinnert, wie mich meine Eltern das Grüßen gelehrt haben, und worauf ich dabei besonders zu achten hätte: nicht nur auf die klare Vernehmlichkeit des Grußes nämlich, sondern auch auf die Hebung und Zuwendung des Blicks. Ich erinnere mich auch daran, wie oft und genau ich meinen Vater dabei beobachtet und zu Hause vor dem Spiegel übungshalber, aber heimlich nachgeahmt habe, wenn er zum Zeichen der Aufmerksamkeit den damals noch unverzichtbaren Hut vor den gegrüßten Personen zog. Und ich erinnere mich an Menschen, die wir Kinder besonders gerne grüßten, weil sie so prompt und aufmerksam zurück gegrüßt und uns damit zu verstehen gegeben haben, dass sie auch uns kleinen Leuten Achtung und Ehre erwiesen.

Tatsächlich gehört ja der Gruß zu den grundlegenden Ausdrucksformen menschlicher Aufmerksamkeit und Achtung. Es kommt deshalb gewiss nicht von ungefähr, dass die Begrüßung in vielen Kulturen Anlass zu ausgeprägten Ritualen und Regelwerken gegeben hat, und dass Grußformeln – wenngleich zumeist unbedacht dahin gesagt – oft geradezu existentiellen Inhalts sind: Man wünscht dem Gegrüßten umfassendes Heil, Frieden, den Schutz und Segen Gottes oder gar die Begegnung mit Ihm. Im alltäglichen Umgang ist man sich der Bedeutung solcher Grußformeln und überhaupt des Grüßens kaum mehr bewusst. Wie sehr aber der Gruß auf zwischenmenschliche Beziehungen Einfluss nimmt, wird zumindest dann spürbar, wenn ein Gruß einmal unbeachtet bleibt, wenn er vergessen oder gar verweigert wird: Im Gruß manifestieren sich ja Beachtung und Respekt, Zuwendung und Wertschätzung. Dem gegrüßten Menschen wird durch den Gruß Achtung und Würde bezeugt. Ihm wird eine bestimmte Qualität der Beziehung signalisiert, oder dass man auch Wert legt auf seine Zuwendung und die Begegnung mit ihm. Der nicht gegrüßte Mensch gilt dagegen als nicht beachtenswert und wird behandelt, als gäbe es ihn nicht: als Unperson.

Wer einen anderen Menschen also grüßt, wendet sich ihm zu, zeigt Aufmerksamkeit, sieht näher hin. Und gerade darum könnte es gehen in den vorweihnachtlichen Gruß-Evangelien: Näher und bewusster hinsehen auf die Welt, in die hinein Gott Mensch wurde und insbesondere auf das Menschsein; aufmerksam und wertschätzend also hinsehen auf dessen Licht- und Schattenseiten, seine Schwierigkeiten und Gefährdungen, sein Glück und sein Leiden, sein Werden und sein Vergehen. Dieses nähere Hinsehen auf das Menschsein kann jedoch nicht gelingen, wenn es im Abstrakten, Allgemeinen und Grundsätzlichen bleibt. Wer genauer auf das Menschsein hinblicken will, muss bereit sein, (aufmerksamer und liebevoller vielleicht als sonst) auf das Leben seiner konkreten Mitwelt zu blicken, auf das Leben der bekannten Menschen um ihn und der Unbekannten neben ihm.

Wer näher auf das Menschsein blicken will, wie Gott es geschaffen hat und das anzunehmen Er selbst in Jesus Christus bereit war, der muss dieses Menschsein also gleichsam grüßen, indem er seine Mitwelt grüßt: indem er sich ihr bewusst zuwendet, sie aufmerksam und wertschätzend wahrnimmt, ihr auf diese Weise Achtung, Respekt und Ehre erweist und indem er ihr Heil, Frieden und Segen wünscht und zuteil werden lässt. – Nur wer bereit ist, auf solche Weise und so konkret wie möglich das Menschsein zu grüßen in all seinen Dimensionen, kann auch erahnen, was Menschwerdung Gottes bedeutet.

Und vielleicht gerät dabei – wie im Leib der schwangeren Elisabet – im Grüßenden selbst etwas in Bewegung, weil es Gott im Leib und Leben des gegrüßten Anderen erahnt.

## *2a* ~ Spurensuche

*Wer heute wandert, kann sich in den meisten Fällen auf ein hinreichend markiertes oder wenigstens kartografisch gut dokumentiertes bzw. in Führerwerken ausführlich beschriebenes Wege- und Straßennetz stützen und mittlerweile immer häufiger sogar auf elektronische Navigationssysteme. Das selbständige Suchen und Finden von gangbaren Wegen entfällt in der Regel. Dennoch gibt es sie noch, die Wege, die ohne fremde Hilfen erst noch gefunden werden müssen: im steilen Fels etwa, auf Gletschern nach jedem ergiebigen Schneefall, in manchen Nationalparks und in Regionen, in denen das Wandern nie üblich war oder unüblich geworden ist. Gehen im unbekannten, zumal weglosen Gelände ist für den zeitgenössischen Wanderer also eine zwar selten gewordene, aber immer noch mögliche und äußerst wertvolle Herausforderung.*

*Zum einen gilt es dabei, das Gelände genau zu beobachten und zu studieren. Wie könnte bzw. wird sich etwa das enge Flusstal hinter der nicht mehr einsehbaren Krümmung fortsetzen, wie der Gletscher oder der Bergkamm hinter der nächsten Kuppe? Aus bisherigen Erfahrungen und Beobachtungen sind Schlüsse für den Weiterweg zu ziehen: niemals sicher und ohne Überraschungen, aber doch mit gewisser Wahrscheinlichkeit und zumindest begründet. Oft spielen aber auch Spuren von anderen Menschen oder – häufiger – von Tieren eine Rolle: Wie und weshalb hat welches Tier diese Richtung eingeschlagen? Kuh oder Bär, Gämse oder Schaf? Auf der Flucht? Auf Nahrungswanderung? Herdenzug oder Einzelgänger? Und dann auch noch: Wie alt sind die Spuren? Was könnte den Weg seither verändert haben – oder eine Abweichung von der Spur erfordern? Auch hier sind aus gewonnenen Einsichten und Erkenntnissen Schlüsse auf den weiteren Wegverlauf – seine Fortsetz- und Gangbarkeit oder seinen notwendigen Abbruch – möglich und notwendig, vor allem dann, wenn die vorhandenen Spuren unvermittelt abbrechen und sich verlieren: an Wasserläufen etwa, auf Geröll- oder Altschneefeldern, im wuchernden Dickicht oder aufgrund von Bodenerosion.*

*Ich hatte in Rom einen Studienkollegen aus dem Kongo, dessen Vater von Beruf Waldläufer war: ein Jäger und Kurier zwischen Dschungeldörfern. Von diesem seinem Vater, erzählte er mir einmal stolz, sei er selbst in die Geheimnisse des im Urwald lebenswichtigen Spurenlesens eingewiesen worden. Und dann erklärte mir mein Freund, was man tun kann, wenn sich Spuren plötzlich verlieren: „Entweder du kümmerst dich nicht mehr weiter darum und gibst auf. Oder du setzt die abgebrochene, unsichtbar gewordene Spur selbst fort. – Wie? – Nun, du musst zuvor anhand der vorhandenen Spuren das zu suchende Wesen eingehend studieren, also seine mutmaßliche Gangart, Größe, Wendigkeit und auch den an den Spuren abzulesenden Charakter des Lebewesens. Du musst dir ein Bild davon machen können, wann und wie dieses Wesen hier gelaufen ist; was es möglicherweise gesucht, oder ob es sich vielleicht selbst verfolgt gefühlt hat; weshalb es gerade diesen und nicht einen anderen Weg gewählt hat; was ihm ein Hindernis gewesen ist und was nicht … Noch viele andere Fragen dieser Art … Und wenn dieses Bild so lebendig geworden ist, dass du wie ein Schauspieler selbst in die Rolle des zu verfolgenden Wesens schlüpfen kannst, dann gehst du wieder zu der Stelle, wo seine Spuren aufgehört haben und läufst den Weg einfach so weiter, wie ihn das gesuchte Wesen wohl selbst gelaufen ist oder wäre. Mein Vater", bekräftigte mein Freund, „hat auf diese Weise noch immer gefunden, was er suchte, und ist nie irre gegangen."*

*Gehen im weglosen Gelände bedeutet jedenfalls niemals Beliebigkeit und zielloses Umherstreunen, sondern vielmehr höchste Aufmerksamkeit für Gewesenes und Vorhandenes und seine möglichst bruchlose Fortführung ins noch Unbekannte.*

## 2b ~ Nachfolge *(Apg 1,9-11)*

Auf der Kuppe des Jerusalemer Ölberges steht eine kleine Moschee; früher war es eine Kirche. Eine lokale Legende will wissen, dass Jesus von dieser Stelle aus in den Himmel aufgefahren ist. Zum Beleg dafür findet sich im Boden der Moschee ein Stein, auf dem – tief eingeprägt – ein Paar Fußabdrücke zu erkennen ist: angeblich die letzten Fußspuren Jesu. Man mag über diese Blüte volksfrommer Legendenbildung lächeln. Zugleich verbirgt sich in diesem Stein mit den „letzten Fußabdrücken Jesu" aber eine tiefe Aussage:

Fußspuren zeigen einen Weg an, den jemand – ein Tier oder ein Mensch – bereits gegangen ist. Dem Finder solcher Fußspuren ermöglichen sie, diesen Weg ebenso nachzugehen wie deren Verursacher, sein Vorgänger also. Was aber, wenn die Spur plötzlich abbricht oder sich verliert? – Das ist die Frage, vor die gerade auch das Bemühen um ein zeitgemäßes Christsein stellt. In den kuriosen „letzten Fußabdrücken Jesu" am Jerusalemer Ölberg ist diese Frage gleichsam zu Stein geworden.

Die biblische Erzählung von der Himmelfahrt Jesu erwähnt das unverwandte, ratlose In-den-Himmel-Starren seiner Gefährten. Man kann das als ein Bild der Lebens- und Glaubenssituation der damaligen ersten Christen verstehen: Zuerst war da dieses faszinierende, begeisternde, aber auch vielfach verwirrende, vieles umkrempelnde Leben in unmittelbarem Kontakt mit Jesus; dann plötzlich sein Scheitern am Kreuz; dann die kaum fassbare Ostererfahrung: „Er lebt – trotz Kreuzestod und Grab!". Und dennoch: Je länger die unbarmherzige Zeit verstreicht, desto stärker wird auch die ernüchternde Erfahrung der ersten Christen: „Jetzt ist Er wirklich weg … zumindest nicht mehr so da wie früher … aus … kein direkter Kontakt mehr … Spuren, die sich zu verlieren drohen … – Was nun?“ – Heute – 2.000 Jahre später – ist die Situation um nichts leichter – im Gegenteil: Wie denn den Kontakt mit Jesus, wie denn seine Spur halten: mit einer Bibel, deren Sprache und Vorstellungswelt der Gegenwart immer fremder werden; mit kirchlichen Traditionen und Ritualen, deren Sinn und Symbolik als Relikte einer längst vergangenen Zeit zu verstauben drohen? Wie Christ sein in einer Welt, in der Jesu Spuren einfach immer undeutlicher, immer unvermittelbarer, immer schlechter nachvollziehbar zu werden scheinen; in einer Welt, die längst ganz andere Spuren verfolgt? Ja, bin ich selbst als Einzelner, ist die kirchliche Gemeinschaft, zu der ich mich bekenne, überhaupt noch auf der richtigen Fährte? – Die Botschaft des Festes Christi Himmelfahrt und der Jerusalemer Fußabdrücke Jesu ist zunächst sehr nüchtern: Christ sein, das ist und das war von allem Anfang an ein Weg angesichts einer sich verlierenden Spur.

Das bedeutet nun aber keineswegs Entlassung in die Beliebigkeit und Eigenmächtigkeit. Christ sein bedeutet vielmehr, den Weg Jesu an seiner Statt dort fortzusetzen, wo sich seine Spuren in dieser Welt verlieren. Oder anders gesagt: den eigenen Weg so zu gehen, wie ihn wohl Jesus hier und heute gegangen wäre.

Diese Aufgabe ist keineswegs einfach – wie auch das Spurenlesen gelernt sein will: Zunächst geht es also darum, die vorhandenen Spuren Jesu in dieser Welt zu studieren, sie verstehen und deuten zu lernen: Jesu Spuren, wie sie in den Erzählungen und Deutungen der Evangelien überliefert sind; wie sie aber nicht weniger aufleuchten können in den vielfältigen Lebensentwürfen von Menschen, die in überzeugender, glaubwürdiger Weise den Weg Jesu nachgegangen und uns Nachgeborenen darin also vorausgegangen sind. Schließlich gilt es auch, Jesu Spuren im eigenen Leben aufzuspüren und zu deuten: die Erfahrungen von Heil, von gelingenden Beziehungen und solidarischer Gemeinschaft, von Treue und Integrität, von innerer Freiheit und Aufrichtigkeit auch inmitten von Widerwärtigkeiten usw. Die Person Jesu muss auf diese Weise ein klares Profil gewinnen. Er muss so lebendig werden für mich, dass Er gleichsam in mir weiterzuleben beginnt. Dann erst werde ich meinen Weg durch diese Welt als Christ gehen, werde ich Jesus nachfolgen und seine abgebrochenen Spuren fortsetzen können.

Christ sein, das ist Gehen angesichts einer sich verlierenden Spur – und in gewissenhafter, aber letztlich eigenverantwortlicher Fortsetzung derselben.

Dazu noch ein Gedanke: Die biblische Erzählung von der Himmelfahrt Jesu und seinen ihm unverwandt nachblickenden Gefährten findet ihren Abschluss in der Frage plötzlich in weißen Gewändern dastehender Männer: *„Was steht ihr da und schaut zum Himmel empor? Dieser Jesus, der von euch weg in den Himmel aufgenommen wurde, wird ebenso wiederkommen, wie ihr ihn habt zum Himmel hingehen sehen.“* (Apg 1,10f) – Zunächst möchte man stellvertretend antworten: Ja, das ist es ja gerade, weshalb sie in den Himmel blicken: weil sie ihn von dort – gemäß seiner Verheißung – wieder erwarten. – Aber vielleicht besteht ja genau darin der Trugschluss! Wenn Jesus ebenso, also auf demselben Weg wiederkommen wird, auf den sie ihn haben weggehen sehen, dann war dieser Weg Jesu ja keineswegs eine *direttissima* in den Himmel, sondern ein Weg, der ihn zuerst mitten hinein in diese Welt geführt hat und durch diese Welt hindurch – mit all ihren Vorläufigkeiten und Konflikten, mit ihrem Leid und auch mit ihrer sie kennzeichnenden Endlich- und Tödlichkeit. Der Weg Jesu hat Jesus nicht vorbei geführt an der Erbärmlichkeit, an den nicht-himmlischen Seiten dieser Welt, sondern mitten hinein. Der Weg zum Himmel verläuft also zunächst – in der Gegenrichtung! Und auf genau diesem Weg – mitten in der Welt und durch sie hindurch – wird Jesus wieder begegnen. Die Erzählung von seiner Himmelfahrt will daran erinnern: Die Heimat, das Ziel von Christen liegt nicht in dieser Welt, sehr wohl aber ihr Weg.

Der Philosoph Martin Buber hat dazu eine wunderbare Geschichte aus dem jüdischen Chassidismus überliefert: Von einem alten Rabbi ging die Sage, dass er jeden Morgen noch vor dem Frühstück zum Himmel aufsteige. Ein ungläubiger Gegner dieses Rabbi lachte über solche Reden, wollte es aber genau wissen. Und so legte er sich eines Tages auf die Lauer. Da sah er: Frühmorgens verließ der Rabbi in rauen Arbeitskleidern sein Haus und ging in den Wald. Dort sammelte er Holz, hieb es in Stücke, lud sich die Scheite auf den Rücken und schleppte sie in die Hütte einer armen, kranken Frau. Dort kniete er auch noch nieder, um Feuer zu machen. Dann erst kehrte er heim und nahm sein Frühstück. Als die Leute darauf den Ungläubigen fragten, was es denn nun auf sich habe mit der allmorgendlichen Himmelfahrt des Rabbi, da war die nachdenkliche Antwort: „Er steigt sogar noch höher als bis zum Himmel …“

## 3a ~ Weg und Ziel

*Moderne Gesellschaften zeigen sich hinsichtlich ihrer Beziehung zu Wegen äußerst widersprüchlich:*

*Zum einen scheinen sie überhaupt wenig übrig zu haben für Wege. Am deutlichsten spiegelt das unser Wirtschaftssystem wider: Transportwege sollten am besten gar nichts kosten. Weil für sich genommen unproduktiv, gelten sie als wirtschaftlich wertlos. Jedenfalls finden die wirklichen, durch Transportwege verursachten Kosten keinen entsprechenden Niederschlag in Preisbildung und Wirtschaftspolitik – mit nicht nur in ökologischer Hinsicht verheerenden Folgen.*

*Aber auch sonst – in Beruf und Freizeit – gilt: Man reist zwar um die halbe Welt, aber ohne die dafür notwendigen Wegstrecken entsprechend zu würdigen. Alles soll möglichst schnell und bequem, also möglichst wenig spürbar, also möglichst wenig erfahrbar vor sich gehen. Modernes Reisen, überhaupt das hoch mobile Leben der Moderne gleicht eher einem raschen Wechseln von Standpunkten, aber ohne Weg und Entwicklung dazwischen.*

*Besteht aber nicht gerade darin das eigentliche Wesen allen Lebens: in der Bewegung, im Wachsen und Sich-Entfalten, im Werden und Vergehen?[3] Wann also ist ein Mensch mehr bei sich selbst als gerade in jenen Zeiten, die nichts anderem gelten als dem Unterwegs-Sein und dem Erfahren von Entwicklungen?*

*Doch Vorsicht! – Bereits das ohnehin schon so bedächtige Wort*

*„Er-fahr-ung" ist in dieser Hinsicht und zumal heute trügerisch: Denn jedes Fahren eines Weges ist ja bereits vermitteltes, aber nicht mehr authentisches, unmittelbares Erleben. Einen Weg in all seiner Bedeutung er-lebt dagegen erst jemand, der ihn wirklich geht – zu Fuß, Schritt um Schritt, mit allen Fasern des Leibes, mit allen Sinnen, mit aller Energie und Zeit, die ein Weg eben verlangt.*

*Muss der Mensch der Moderne sich letzten Endes nicht vorhalten lassen: „Du magst in deinem Leben viel schaffen und erledigen. Du magst viel Neues entdecken und erforschen. Du magst viele Informationen und Eindrücke zusammentragen. Aber er-lebst du dein Leben auch?"*

*Vielleicht spüren viele Menschen diesen Mangel an authentischen Weg-Erfahrungen und wirklich Erlebtem im heutigen Leben. Und vielleicht ist genau das der Grund für die geradezu inflationäre Popularität eines dem Buddhismus entlehnten, aber von diesem weitgehend heraus gelösten Sinnspruches, der nachgerade im Widerspruch zur Weg- und Erfahrungslosigkeit des modernen Lebens steht: „Der Weg ist das Ziel." Der Spruch mag populär sein, er ist aber falsch.*

*Kein Wunder, dass ausgerechnet die Werbeabteilung einer Autofirma diese angebliche Lebensweisheit vor einigen Jahren so populär gemacht hat. Denn die Fahrzeugindustrie hat ja wohl die geringste Ahnung vom wirklichen, ehrlichen Bewältigen von Wegen. Ich muss diesem Werbespruch jedenfalls heftig widersprechen: Wer schon einmal tage- oder gar wochenlang zu Fuß gegangen ist, weiß, dass er ohne ein klar gesetztes Ziel nicht sehr weit käme. Die unweigerlich begegnenden Schwierigkeiten, die Mühsal tagelangen Gehens würden den ziellos Wandernden frühzeitig zum Aufgeben verleiten: „Was tust du dir das noch länger an? Brich doch ab! Ist ja schon genug!" Nur wer sich ein klares Ziel gesteckt hat, wird solche Situationen bestehen und seinem Weg treu bleiben.*

*Vielleicht ist der Spruch „Der Weg ist das Ziel" aber gerade deshalb so populär: Er dispensiert scheinbar davon, sich auf ein Ziel festzulegen, eine klare Entscheidung zu treffen und ihr auch dann treu zu bleiben, wenn es schwierig wird.*

*Nein, der Weg ist nicht das Ziel. Er ist schon wichtig, und kein so leidenschaftlicher Geher wie ich wird sich mangelnde Liebe zum Weg und zum Unterwegs-Sein nachsagen lassen. Aber ob ein Weg wirklich gut und richtig ist, ob er weiter führt, ob einem entschlossenen Aufbruch auch ein Ankommen entspricht, das diesen Namen wirklich verdient – das entscheidet sich doch immer vom Ziel her.*

*Wer das Unterwegs-Sein also aufrichtig liebt, wer dauerhaft unterwegs bleiben will, setzt seinem Weg immer auch ein Ziel. Nicht um den Weg selbst gering zu achten – im Gegenteil: um ihm treu bleiben zu können. Und Treue ist doch immer noch der überzeugendste Erweis von Liebe.*

[3] Es ist vor diesem Hintergrund übrigens auch theologisch höchst spannend, die Vollkommenheit und Wahrheit Gottes nicht als ein statisches, in sich ruhendes Sein zu denken, sondern als ein lebendiges Werden und Sich-Entfalten: Gott geht die Entwicklung seiner Schöpfung und seines Volkes aktiv, also selbst beteiligt mit. Wie anders sollte auch wirkliche Beziehung und Kommunikation mit Gott funktionieren, wenn nicht mit Ihm als lebendigem, sich bewegenden, werdenden Du?

## 3b ~ Glaubenserfahrung *(Joh 1,35-41)*

Bei fast jedem Gespräch mit religiösen Eltern von heranwachsenden Kindern wird die Frage gestellt, und Religionspädagoginnen entwickeln unermüdlich neue Konzepte und Methoden zu ihrer Beantwortung: Was bringt einen Menschen zum Glauben? Was bringt ihn zu mehr als einem bloßen Wissen über religiöse Themen, Bräuche, Gebetsformeln und dergleichen? Was bringt einen Menschen in lebendigen Kontakt mit Gott, also zu einer vitalen, das Leben prägenden Beziehung mit Ihm?

Es ist in diesem Zusammenhang interessant, auf die Erzählungen der Evangelien zu blicken, wie Jesus seine ersten Gefährten um sich gesammelt hat. Auffallend ist dabei, wie reduziert und lakonisch davon erzählt wird – so sehr, dass schwer vorstellbar ist, alles hätte sich wirklich so abgespielt. Es dürfte sich deshalb auch nicht wirklich um Tatsachenberichte handeln, sondern vielmehr um Symbolgeschichten. Nehmen wir etwa gleich im 1. Kapitel des Johannes-Evangeliums die erste Begegnung Jesu mit zwei seiner späteren Apostel.

Was man zur Beantwortung der vorhin aufgeworfenen Frage daraus gewinnen kann, ist mehrschichtig. Zunächst: Eine lebendige, das Leben verändernde und prägende Gottesbeziehung bleibt immer ein einmaliges, sich von Person zu Person unterscheidendes Ereignis; dieses ist nicht einfach machbar, und es gibt dafür keine Patentrezepte. Vielleicht ist das der Grund für die lakonische Knappheit der biblischen Erzählung. Der Evangelist erzählt zwar vom ersten, noch unverbindlichen Aufmerksam-

Werden zweier Menschen auf Jesus und von ihrer ersten Begegnung mit ihm – unmittelbar darauf aber völlig unvermittelt von einem folgenden Tag, der erfüllt ist von der strahlenden Überzeugung: „Wir haben den Messias gefunden!" – Was in der dazwischen liegenden Nacht passierte, wie es zu dieser großen Entdeckung kam, die ganze Biografien veränderte – davon ist kein Wort überliefert; das bleibt im Dunkel jener Nacht. Wie bei jeder liebenden Beziehung bleiben also auch in der Beziehung zu Gott der auslösende Funke im Dunkeln und die Frage nach Ursachen und Gründen nicht bis ins Letzte beantwortbar. Der Glaube ist – wie die Liebe – immer ein Geschenk.

Was das Evangelium erschließt, sind also keine Rezepte oder Methoden, eher so etwas wie Vorbedingungen, damit Gottesbeziehung wachsen kann. Ich mache das fest an den wenigen und knappen Worten, die in dieser Erzählung gewechselt werden:

Zunächst die Frage Jesu an die Beiden, die ihm da folgen: *„Was wollt ihr?"* Man könnte auch übersetzen: *„Was sucht ihr?"* – Im Deutschen gibt es ein sehr schönes Wort für das, was zwischen Wollen und Suchen liegt: Sehnsucht. Jesus fragt die Beiden also nach ihrer Sehnsucht, nach dem, was sie ersehnen, was sie bewegt und veranlasst, sich auf die Suche zu machen. – Deren Antwort ist eine knappe Gegenfrage: *„Wo wohnst du?"* – Also: „Wo und wie lebst du? Woraus bzw. worin besteht der Boden, der dich trägt, die Quelle, aus der du lebst, das Dach, das dich vertrauen lässt?" – Wonach die Beiden sich also sehnen und was sie suchen, ist ein Ort, der vielleicht auch für sie zum Boden, zur Quelle, zum Dach werden könnte. – *„Kommt und seht!"*, lautet die Einladung Jesu auf die Gegenfrage der Beiden, und deren Antwort erfolgt wortlos: Sie gehen einfach mit. – Es hätte sich auch anders abspielen können: Jesus hätte ihnen einfach seine Adresse mitteilen, also eine bloß theoretische Erklärung geben können: „Dieses und jenes ist es, was mich leben lässt, was mich trägt und mir Heimat gibt." – Oder die Reaktion der beiden Suchenden – sie hätten auf Jesu Einladung auch antworten können: „Nein, wir wollen nicht aufdringlich sein; uns reicht schon das bloße Wissen." – Ich bin sicher: Niemals wäre es dann zu jener Nacht gekommen, die das Leben der Beiden so grundlegend verändern und ihrer Sehnsucht so unverhofft einen Angelpunkt geben sollte.

Was also bringt einen Menschen zum Glauben, zu einer vitalen Beziehung mit Gott? – Mehrere Dinge erscheinen mir dafür von entscheidender Bedeutung:

1. Sehnsucht. Unsere Welt versteht sich zwar auf eines wie nie zuvor: auf die Weckung und Stillung von Bedürfnissen – und zwar möglichst sofort und vollständig. Unter all diesen vielen Bedürfnissen droht aber die Grundvoraussetzung, das Grundbedürfnis jeder echten, vitalen Beziehung vergessen oder zugedeckt zu werden: wirkliche Sehnsucht – Sehnsucht, die stark ist und mutig aus sich heraus und auf einen Anderen zugehen lässt; Sehnsucht, die keine vorschnellen Antworten und Befriedigungen zulässt oder sich mit Theorien zufrieden gibt; Sehnsucht, die zugleich um ihr Woraufhin weiß und so zielgerichtet ist, dass sie sich nicht verliert in ihrem Suchen wie ein Schmetterling im Blütenmeer.

2. Es geht nicht ohne ein Mitkommen und Sich-Einlassen. Die Beziehung zu Gott ist ebenso wenig wie eine andere Beziehung einfach erlernbar aus Büchern oder Diskussionen – und schon gar nicht aus Katechismen und Formelwissen. Vielmehr muss man mitkommen, muss man sich einlassen auf Erfahrungen.

Dieses Wort ist wichtig: Er-*fahr*-ungen kann man nicht im Sitzen machen, also hinter dem Studier- und Debattiertisch. *„Kommt und seht!“*, heißt es – und: dass die beiden Jünger mitgingen. Um Gott zu erfahren, muss man sich also auf einen Weg mit Ihm einlassen: auf Er-fahr-ung eben.

Und damit komme ich zu einem 3. Punkt: Gott erfahren – das geht offenbar am besten, wenn man mit jemandem mitgeht, der selbst von Sehnsucht und von Erfahrung mit Gott „durchtränkt“ – nicht gesättigt! – ist. Die Gottsucher des Evangeliums gehen nicht auf Selbst- oder Grenzerfahrungs-Trip – in die Wüste oder sonst wohin. Nein, sie gehen mit Jesus mit – also mit einem, der selbst aus einer lebendigen Gottessehnsucht und -erfahrung zu leben scheint.

Auf einer meiner Wüstenreisen hat mir einmal ein Beduine erklärt, wie man ein Kamel zum Trinken bringt, das vor einem langen Wüstenmarsch seine überlebenswichtigen Wasserreserven auffüllen soll, aber nicht will: Nicht indem man es schlägt oder ihm Salz zu fressen gibt; auch nicht indem man ihm satte, zufriedene Kamele als Vorbilder hinstellt – im Gegenteil: Man stelle einfach ein durstiges Kamel an seine Seite, eines, das ohne viel Aufhebens, aber mit viel Genuss, Behagen und Ausdauer das köstliche Nass aus dem Brunnen schlürft. So ein authentischer Durst wird auch das zuerst durstlose Kamel nicht unbeeindruckt lassen und es anstecken, und es wird auch bald nach Wasser verlangen. – Ebenso ist es mit dem Durst nach Gott.

Ich bin überzeugt: Die wirklich großen Heiligen und Vorbilder der Christentumsgeschichte waren und sind mehr Gott-Sucher als Gott-Finder. Das sei besonders allen „Glaubenslehrern“ ins Stammbuch geschrieben.

# *4a* ~ Pilgerglaube

*Gelegentlich werde ich nach den wichtigsten Auswirkungen oder Ergebnissen meiner oft wochenlangen Fußmärsche gefragt. Solche Fragen sind nur schwer und unmittelbar nach Beendigung einer großen Wanderung sowieso nicht zu beantworten – und wenn, dann eher von Menschen, die mich gut kennen, weil sie zu meinen langjährigen Weggefährten gehören (selbst wenn sie noch nie länger mit mir gewandert sind).*

*Nur im Rückblick auf viele Jahre meines Wanderns kann ich sagen, dass ich von keiner meiner großen Fußreisen unverändert zurückgekehrt bin. Vielleicht ist mir insgesamt eine gewisse Lust daran zu Eigen geworden, auch in meinem beruflichen und privaten Leben immer wieder neue Ziele zu erwählen oder mich von Anderen damit herausfordern zu lassen. Wahrscheinlich wurde auch die Beharrlichkeit gestärkt, mit der ich diese Ziele dann auch durch Durststrecken hindurch und gegen Widerstände verfolge, vermutlich auch die Fähigkeit, Stille und das Alleinsein mit mir selbst auszuhalten, um mich dann umso dankbarer über Freundinnen und Weggefährten zu freuen.*

*Vor allem aber merke ich, dass sich mein Glaube und nicht zuletzt mein Gottesbild grundlegend gewandelt haben: Mir ist jeder religiöse Dogmatismus, der meint, einen fest geformten, normierten Glaubensschatz verwalten zu können, zusehends fremd und zuwider geworden, jenes allzu selbstsichere Bescheid-Wissen über Gott und die Welt und auch jenes ängstliche Festhalten an ehedem noch so erfolgreichen oder einfach liebgewordenen Traditionen,*

INTERNATIONALER
123 "MARIEN-PILGERWEG"
Tschenstochau (PL) - Levoča
Leutschau (SK) - Mariazell (A)
in Österreich insbesonders:
Nationalpark-Donau-Auen-Weg 07
sowie Wiener Mariazeller Weg 06
Europ. Wandervereinigung (EWV),
ÖAV und ÖTK sowie Verein NÖ/Wien
N.Ö. Landesrundwanderweg
ÖSTERR.
WEITWANDERWEG
MARIAZELLERWEG
06
MARIAZELL

*selbst wenn diese keine ausreichende Nahrung mehr bieten. Und es erfüllt mich stets aufs Neue mit Trauer und Zorn, dass gerade meine eigene Glaubensgemeinschaft, die römisch-katholische Kirche, sich immer wieder als besonders anfällig erweist für solche Formen religiöser Selbstgewissheit und Selbstgenügsamkeit. Man kann geradezu von einem notorischen Hang meiner Kirche zu „theologischer Sesshaftigkeit" sprechen – und das, obwohl sie in ihrem jüngsten, nun freilich auch schon wieder ein halbes Jahrhundert zurück liegenden und bislang einzigen wirklich weltumspannenden Konzil sich selbst das Bild eines „pilgernden Gottesvolkes" eingeschrieben hat: unterwegs mit und in dieser Welt und alle „Freude und Hoffnung, Trauer und Angst" ihrer Mitpilger, also aller heutigen Menschen teilend!*

*Wussten die damals verantwortlichen Kirchenfürsten und ihre Theologen, worauf sie sich mit dieser Selbstdefinition eigentlich eingelassen haben? Hatten und haben sie wirklich eine Ahnung vom Wesen des Pilgerns – das ja wohl etwas grundlegend anderes meint, als mit irgendwelchen fahrbaren Untersätzen und Rosenkränze betend irgendwelche christlichen Wallfahrtsorte anzusteuern, dort eine Festmesse zu feiern oder Bittprozessionen abzuhalten und nach anschließender Labung wieder den Rückweg in die vertrauten heimatlichen Gefilde anzutreten, um dort die gewohnten, ausgetretenen Pfade weiter zu vertiefen? Oder liegt die Ursache für die zur Zeit allgegenwärtigen Versuche, das Rad der römisch-katholischen Kirchengeschichte wieder zurück zu drehen und den konziliaren Aufbruch der vergangenen 50 Jahre möglichst ungeschehen zu machen, gerade darin: in der allenthalben aufkeimenden und spürbar werdenden Ahnung davon, dass ein pilgerndes Gottesvolk wohl auch eine ganz andere als die derzeitige Gestalt und Verfassung benötigte, um Schritt halten zu kön-*

*nen mit der Mitwelt, deren Weg man doch teilen möchte? Immerhin: Es wäre nicht das erste Mal, dass ein pilgerndes Gottesvolk von Angst vor dem eigenen Mut befallen wird, sobald es ahnt, worauf es sich mit seinem Pilgertum eingelassen hat, und lieber zu den bequemeren Fleischtöpfen der Sesshaftigkeit umkehren möchte. (Vgl. etwa Ex 16,2f.)*

*Ich habe auf meinen weiten Wanderungen jedenfalls den für mich immer wieder neu zu suchenden und stets anderen, den ewig lebendigen und niemals ganz erfassbaren Gott der Bibel wieder entdeckt, der ursprünglich ja auch „ein Gott von Nomaden" war. Und ich glaube, eine Ahnung davon bekommen zu haben, dass sich der Glaube an diesen biblischen Nomaden-Gott vor allem zwischen zwei Polen ausspannen und diese Spannung halten muss, um lebendig und tragfähig, also geeignet für einen weiten Weg zu bleiben: Aufbruch und Vertrauen.*

## 4b ~ Aufbrechen *(Gen 12,1-4)*

Gehen lernen. Wer hat es nicht schon an Kleinkindern fasziniert beobachtet und mitverfolgt? – Tage und Wochen bringen sie unermüdlich damit zu, sich irgendwo hochzuziehen und sich entlang zu „handeln“ an Wänden und Geländern oder, einen kleinen Sessel als Stütze vor sich herschiebend, auch schon einmal die Durchquerung des Wohnzimmers zu wagen. Manchmal schaffen sie es für ein paar Sekunden, frei zu stehen; spätestens beim Versuch, dann auch noch ein Bein zu heben, landen sie aber doch wieder am Boden. Macht nichts. Nächster Versuch. – Was mich beim Beobachten aller Kinder dieses Alters so fasziniert, ist die schier grenzenlose Unermüdlichkeit, mit der sie die übermächtige Anziehungskraft der Erde und ihre eigene Schwerkraft nieder zu ringen versuchen – stundenlang, tagelang, hunderte, vielleicht tausende Male, bis sie es endlich schaffen: wenigstens bis zu jenem Teilerfolg aufrechten, freien Gehens. Die Freude dieses Teilsiegs über die Schwerkraft – pures, quietschendes Vergnügen am freien Herumlaufen – hält noch eine geraume Zeit an. Doch dann?

Ich weiß nicht: Ist es Ermüdung? Bequemlichkeit? Resignierende Einsicht in die Übermacht der Schwerkraft? Irgendwann, oft schon bald nach der Euphorie des ersten Siegs lässt der zähe Kampf gegen die Schwerkraft wieder nach und weicht eher der Suche nach neuer Sesshaftigkeit, nach Orten des Ruhens und Bleibens und nach der besten Art, sich zu lagern – also nach der angenehmsten und dauerhaftesten Art, sich der Anziehungskraft des Bodens und der eigenen Schwerkraft anzupassen und hinzugeben.

Wenn ich jetzt von Schwerkraft spreche, meine ich freilich nicht nur jene physikalische Kraft, die jeder Bewegung nach oben, jedem neuen Aufbruch Widerstand entgegen setzt und einen nach unten ziehend ermüdet. Es gibt daneben ja auch so etwas wie eine geistige Schwerkraft: eine Kraft, die das eigene Denken, Wollen und Tun um einen selbst kreisen und einen lieber bequem verweilen lässt beim unmittelbar Verfügbaren, beim schon Vertrauten, Gewohnten und Sicheren. Es ist jene Kraft, die einen anstelle der Taube auf dem Dach mit dem Spatz in der Hand Vorlieb nehmen lässt. Es ist jene Kraft, die es einem schwer macht, aus sich heraus und auf einen noch unbekannten Menschen zuzugehen und damit die Sicherheit des eigenen Tellerrandes zu ver- und sich auf das Wagnis des Neuen, des Nicht-Verfügbaren und Nicht-Vorhersehbaren einzulassen – auch auf das Wagnis „Gott". – Ich glaube, es gibt insgesamt keine vergleichbare Kraft, die unser Leben so pausenlos, so stetig und zugleich sublim unter ihren Einfluss zu bringen sucht wie diese geistige Schwerkraft. Ich bin aber gleichzeitig davon überzeugt, dass das Glück und das Heil eines Menschen von nichts so sehr abhängt wie von dem Maß, in dem es ihm gelingt, dieser inneren Trägheit Widerstand zu leisten und sie zu überwinden.

Und so kommt es gewiss nicht von ungefähr, dass die biblische Heilsgeschichte, also die Geschichte Gottes mit uns Menschen, gerade mit so einer Schwerkraft-Überwindung, mit der Geschichte eines Aufbruchs und langen Wanderns anhebt: mit der Geschichte Abrahams und Saras. Das, was im Buch Genesis, in diesem ersten Buch der Bibel, in den elf vorangehenden Kapiteln erzählt wird: die Erschaffung von Welt und Mensch, der Ursündenfall und seine Folgen, die Sintflut bis hin zum Turmbau von Babel – das gehört, theologisch betrachtet, zur sogenannten biblischen Urgeschichte. Diese Urgeschichte ist nicht Geschichte im eigentlichen Sinn: als Ablauf eines Geschehens in Raum und Zeit. Die Urgeschichte dient vielmehr der Auseinandersetzung mit Grundfragen und Urerfahrungen des Menschseins: Sie erzählt also etwa von der Urahnung, dass der Kosmos in einer gewaltigen Ordnung gründet und alles Leben sich einem schöpferischen Ursprung verdankt. Sie erzählt von der Urerfahrung des Menschen, angelegt und angewiesen zu sein auf die Beziehung zu seinesgleichen und zu einem Höheren – und: Auch die Gefährdung dieser Beziehungen gehört zur menschlichen Urerfahrung, von der die biblische Urgeschichte handelt, und zwar wenn sie über die Sünde spricht. Das tut sie bekanntlich nicht wenig: Wer das Buch Genesis ein wenig kennt, weiß, dass die darin erzählte Urgeschichte sich immer wieder verstrickt und verheddert: zuerst der Ursündenfall und der Verlust des Paradieses, dann Kain und Abel, dann die Sintflut, schließlich der gescheiterte Turmbau zu Babel. Immer wieder reißt hier der Faden der Erzählung gleichsam ab und muss neu aufgenommen werden. Immer wieder rennen die Protagonisten dieser Urgeschichten in eine Sackgasse, von der aus nichts mehr weitergeht. Und wer genau hinhört, merkt: Das passiert in diesen Geschichten immer just dann, wenn das Geschöpf Mensch selbstherrlich meint, ohne Gott und Seine Weisungen mit sich selbst auskommen und sich selbst genügen zu können. Selbstsucht, Egozentrik, Selbstgenügsamkeit – all das hat viel mit der vorhin erwähnten geistigen Schwerkraft zu tun.

Etwas entscheidend Neues bricht dagegen mit der Geschichte Abrahams und Saras an, und sie wird damit zugleich der Anfang der eigentlichen Heilsgeschichte. Dieses entscheidend Neue liegt in dem ersten Wort, das Gott in der Bibel zu einem Menschen spricht, der unseren Raum und unsere Zeit teilt: *„Zieh weg von hier!"* Dieses Wort ist gleichsam die Ouvertüre, die das Grundthema zur gesamten Geschichte Gottes mit den Menschen angibt. Es scheint sagen zu wollen: Wer es mit Gott zu tun bekommt, darf sich nicht länger selbst genügen, darf nicht länger nur um sich selbst kreisen, muss vielmehr aufbrechen, muss sich immer wieder heraus rufen lassen aus vermeintlichen Sicherheiten und einmal gefundenen Antworten, muss bereit sein, das bisher Vertraute, Sichere und Besessene zu verlassen – gerade jener geistigen Schwerkraft zum Trotz, die einen daran zu binden versucht. – Weil Abraham diesem *„Zieh weg von hier!"* Folge geleistet hat – immer wieder von neuem; seine ganze Lebensgeschichte ist eine einzige Geschichte von Aufbrüchen aus gewonnenen Sicherheiten in immer wieder neuer Gestalt – deshalb gilt er als der Stammvater aller biblisch Glaubenden.

In der Bibel bleibt er deshalb auch nicht alleine als Gestalt des Aufbruchs und der Unruhe. Da sind etwa die Propheten des Ersten Testaments: Sie haben Gottes Botschaft gelegen oder ungelegen zu sagen und sind deshalb unentwegt in Bewegung, oft auf der Flucht – entweder vor Gottes Wort und der eigenen Angst oder vor denen, denen dieses Wort nicht passt. Dann die Apostel, Fischer am See von Gennesaret: Sie lassen alles liegen und stehen und folgen auf einen Ruf hin Jesus nach. Schließlich Paulus: Seine Christus-Begegnung vor Damaskus macht ihn zum Weltreisenden in Sachen Evangelium.

Unstetes Leben ist letztlich auch ein Markenzeichen *der* Zentralgestalt der christlichen Bibel, Jesus – und zwar schon von Beginn seines Lebens an, wie es in den Kindheitserzählungen des Lukas-Evangeliums überliefert ist. Mehrmals ist darin von Träumen seines Ziehvaters Joseph die Rede, die ihn aus dem Schlaf reißen: *„Steh auf!“* – Diese Träume bringen Unruhe ins Leben der jungen heiligen Familie, denn diese ist von Anfang an gefährdet: Politische Konstellationen, die dauernde Furcht der Herrschenden vor dem Verlust ihrer Macht sind die Ursache. Flucht, unstetes Unterwegs-Sein wird so zum Schicksal des Kindes Jesus. Im Evangelium ist gleich dreimal von Aufbrüchen und Umzügen seiner Familie die Rede: Bethlehem – Ägypten; Ägypten – Judäa; Judäa – Nazareth in Galiläa. Dort ist vorderhand einmal Ruhe – bis der Sohn selbst zum unstet Umherziehenden wird, der keinen festen Ort hat, um sein Haupt zu betten (vgl. Mt. 8,20). Der richtige Platz ist immer woanders.

Unruhe ist offenbar ein sicherer Hinweis, es mit Gott zu tun zu haben. Der Ruf Gottes reißt Menschen aus ihrem vertrauten Leben hinaus auf ungewisse Straßen. Und diesem Ruf Folge zu leisten, das bedeutet im biblischen Sinne Glauben. – Mangelnde Bereitschaft zu Bewegung und Aufbruch; konservatives Beharren auf liebgewordenen Positionen und in vermeintlichen Sicherheiten; Verweigerung notwendiger Lebensänderung und neuer Anfänge – das wäre dagegen Ausdruck von Unglauben, von Glaubenskrise – oder von „Gotteskrise“, um ein Lieblingswort zeitgenössischer Bischöfe zu gebrauchen, wenn sie eine Diskussion über die aktuellen „heißen Eisen“ der Kirchenreform abzuwiegeln versuchen mit dem Hinweis, es gäbe keine Struktur- und Kirchenkrise, sondern vielmehr eine Glaubens- und Gotteskrise, der man sich verstärkt zuzuwenden hätte. – Ja, merken sie denn nicht, dass sie mit ihrer beharrlichen Verweigerung von Reformen, mit ihrem krampfhaften Festhalten an Jahrhunderte alten, aber theologisch nicht länger haltbaren Traditionen, mit ihrer Scheu und Entscheidungsunwillig- oder -fähigkeit, neue Wege zu beschreiten – dass sie damit die von ihnen so sehr beschworene Gotteskrise selbst geradezu verkörpern!?!

Im 11. Kapitel des Hebräerbriefes steht freilich ausdrücklich unter Bezugnahme auf die biblischen Urväter etwas zum hier Gesagten im ersten Anschein nahezu Widersprüchliches: *„Glaube aber ist: Feststehen in dem, was man erhofft."* – Ich frage mich: Kann man das eigentlich? Kann man im wörtlichen Sinn feststehen in dem, was man erhofft, was also noch vor einem liegt: als Verheißung, als gute Zukunft, als Ziel aller Sehnsucht? – Meine Antwort: Feststehen in der Hoffnung kann man eigentlich nur im Gehen, also gerade nicht im Stehenbleiben. Gehen heißt ja, den sicheren Standort verlassen, sich mit jedem Schritt davon abdrücken im Vertrauen – besser: in der Hoffnung, manchmal auch nur im Glauben an die Verheißung eines Erfahreneren, wieder festen Boden zu finden. Glauben ist also kein unbewegliches Verharren, sondern gleicht eher dem paradoxen Feststehen eines Gehers in seiner Bewegung, einem „dynamischen Feststehen" im Weg auf ein verheißenes Ziel zu. Von daher die eigentliche Bedeutung des Gehens als spirituelle Übung! Von daher auch die Beschreibung von Kirche als *pilgerndes* Gottesvolk!

Das Wort Gottes an Abraham *„Zieh weg von hier!"* muss also immer wieder ergehen – an die Getauften als Einzelne ebenso wie als „pilgerndes Gottesvolk"; es muss Erinnerung, Ermahnung und Einladung sein: Man darf auch als erwachsener Mensch nie aufhören mit dem, was schon in unseren ersten Lebensjahren gleichsam unsere Hauptbeschäftigung war: immer wieder von Neuem aufstehen; Kampf gegen die innere Schwerkraft, die sich aller Veränderung, Korrektur und Umkehr des status quo entgegenstellt; nie aufhören, den noch unbekannten

Bergweg (auf den Tabor) zu suchen und zu gehen, auf dem dann Christus als der geliebte Sohn Gottes begegnet.

Der Wiener Prälat und nach dem Zweiten Weltkrieg Gründer der katholischen Hochschulseelsorge in Österreich (und also auch mein beruflicher „Stammvater"), Karl Strobl, hat es in dieser Knappheit unübertrefflich formuliert: *„Die Grundgebärde des Glaubens – das ist der Aufbruch."*

## 5a ~ Zumutung

*Mir ist klar, dass hinter jedem „Loblied des Aufbrechens" die Gefahr einer falschen Romantik lauert. In Wirklichkeit begegnet im Ruf zum Aufbruch die eigentliche Herausforderung und radikale Zumutung biblischen Glaubens. Die ganze Wucht dieser Zumutung habe ich – physisch wie psychisch – in einer geradezu paradigmatischen Situation erfahren, von der ich hier erzählen möchte:*

*Vor Jahren bin ich auf der in ihrer ganzen Länge auch heute noch relativ selten begangenen „Via de la Plata" von Sevilla nach Santiago de Compostela gepilgert und habe mich dabei selbst einer ziemlich großen physischen Strapaze unterzogen: Ich habe die rund 1.000 km lange Strecke in genau 31 Tagen zurück gelegt – und das (wie ich erst unterwegs von Einheimischen erfuhr) in einem Sommer, der alle regionalen Hitzerekorde der vergangenen 35 Jahre gebrochen hat. Man kann sich wohl zumindest ein wenig die Freude, Dankbarkeit, Erleichterung, aber auch Erschöpfung ausmalen, die mich überkamen, als ich am Ende dieses weiten Weges zum ersten Mal der Türme der Kathedrale von Santiago ansichtig wurde – Gefühle, die mich auch noch während der folgenden Stunden meiner glücklichen Ankunft unvermindert „beseelten". Man kann sich aber vielleicht auch die Erschütterung vorstellen, die mich am Abend dieses Tages befiel: Ich hatte mich zur Feier meiner Ankunft zur Abendmesse in der Kathedrale eingefunden – trotz meiner Müdigkeit dankbar und hellwach für alle Sinnes- und Geisteswahrnehmungen, die an diesem Tag auf mich einströmten. Da vernahm ich – Zufall? Fügung? – zur ersten Le-*

*sung just jene Bibelverse aus dem 1. Buch der Könige, die mein Freund Wilhelm Zauner mir auch als Grundlage für seine Predigt zu meiner Heimatprimiz ausgewählt hatte: Es geht darin um den großen Propheten Elija, der aus Enttäuschung und Erschöpfung nicht mehr weiterleben will, deshalb in die Wüste hinaus geht und sich unter einen Ginsterstrauch legt, um einzuschlafen und zu sterben. Er will nicht mehr weitergehen, will endlich angekommen sein. Da erscheint ihm ein Engel Gottes, stellt Brot und Wasser neben ihn und lässt ihn vernehmen: „Steh auf und iss! Sonst ist der Weg zu weit für dich." – Nach 31 Tagen Fußmarsch, am Ende einer alle Kräfte fordernden regelrechten „Hitzeschlacht" war es mir, als träfe mich mit diesem Wort der Klöppel einer riesigen Glocke. Ich bin in der damaligen Situation unter der geradezu brutalen Wucht dieses Wortes beinahe zusammen gebrochen: Ich hörte zuerst nur das „Steh auf – du hast noch einen weiten Weg vor dir!" Erst allmählich gelang es mir damals, in dem Bibelwort auch die trostvolle Einladung zu Rast und Stärkung zu hören; aber dennoch liegt auch in dieser Einladung bereits wieder der Ruf zum Aufbruch: Der Glaube an den Gott der Bibel ist keine Einladung zum bequemen Verweilen, sondern erweist sich in der Bereitschaft zum Aufbruch. Oder wie es ein anderer, mittlerweile verstorbener Berufskollege, der so stille, aber sprachmächtige Wiener Hochschulseelsorger Joop Roeland einmal in einer Predigt formuliert hat: „Unser Glaube – das ist die Wunde, nicht das Pflaster!"*

## 5b ~ Ankommen *(1 Kön 19,1-8)*

Der kritischste Moment einer Pilgerreise, der Moment, an dem sich Sinn oder Unsinn einer Wallfahrt entscheiden – das ist nach dem vorhin Gesagten nicht der Aufbruch, das ist auch nicht das Unterwegs-Sein mit seinen Gefährdungen – nein, das ist die Ankunft, besser: das Wie dieser Ankunft und die Bedeutung und Deutung, die man ihr verleiht.

Bei allem Respekt vor den Einzelschicksalen und persönlichen Intentionen Abertausender christlicher Pilger – an nicht wenigen der großen katholischen Wallfahrtsorte: ob in Rom oder Santiago, ob unter den Augen der schwarzen Madonna von Tschenstochau oder der weißen von Lourdes, ob im Völker verbindenden Mariazell oder im bis heute umstrittenen Medugorje – überall an diesen sogenannten „Gnadenorten" feiert eine höchst fragwürdige Frömmigkeit fröhliche Urständ: Da werden Gräber oder Bilder angebetet, Statuen berührt und Votivgaben „geopfert" – so als ob diesen Orten, Gegenständen oder Handlungen selbst schon irgendwelche heilenden Kräfte innewohnten. Es ist bisweilen so, als ob die Gräber, Bilder, Statuen, als ob die „Gnadenorte" selbst das Entscheidende wären, weshalb man sich auf den Weg dorthin gemacht hat: als ob der ganze Pilgerweg bis dahin nur ein mühseliger Vorspann der eigentlichen Wallfahrt gewesen wäre und die Ankunft bzw. das Verweilen am „Gnadenort" oder etwa gar die Erlangung irgendeines „Gnadenschatzes" das Wesentliche wäre, weshalb man sich der vorhergehenden Mühe unterzogen hätte.

Wäre tatsächlich das der eigentliche Sinn christlichen Pilgertums, man müsste an seinen Wallfahrtsstätten nichts sehnlicher erflehen, als dass ein Gottesmann wie Elija erschiene, um all diese Altäre und Götterbilder bersten zu lassen oder wie Bonifatius die Axt an die Fundamente dieser steinernen Kulteichen zu legen! – Denn der Sinn und die Bedeutung der Gnadenorte, zu denen die Pilgerströme ziehen, liegt nicht in diesen selbst; die Gnade, die sie verströmen, liegt auch nicht in der Wohltat des Ankommens und Verweilen-Dürfens nach langen Mühen des Pilgerns; und sie sind nicht „Gnadenorte", weil ihnen etwa geheimnisvolle, numinose Kräfte innewohnten, die nur hier und nirgend anderswo heilsam wirkten. – Nein, wenn diesen Orten eine gnadenhafte Kraft innewohnt, so besteht diese darin, dass sie Menschen aller Zeiten und Orte immer wieder zum Aufbruch riefen – dass sie unaufhörlich Menschen an den Aufbruch, die Grundgebärde biblischen Glaubens gemahnten.

Dieses Verlassen des Vertrauten, Gewohnten und Altbackenen allein auf die Verheißungen des Glaubens hin – das einzuüben, ist der eigentliche Sinn des Pilgerns. Und das unterwegs eingeübte Aufbrechen darf im Ankommen am Wallfahrtsziel keinesfalls billig verspielt werden! Denn so sehr die geradezu greifbare Notwendigkeit des täglichen Aufbruchs während einer Pilgerreise eine Entsprechung im realen Lebensweg aller Pilger hat, so sehr steht diese reale Entsprechung für das Ankommen am Wallfahrtsziel noch aus. Der Aufbruch und das Unterwegs-Sein des Pilgers sind Gleichnis seiner realen, gegenwärtigen Lebenssituation in dieser Welt. Die Ankunft am Ziel seiner Wallfahrt hingegen ist erst Vorausahnung einer Zukunft, die noch aussteht, die sich seinem Zugriff entzieht, die ihm von Gott allein gewährt wird.

All die Gnadenorte, zu denen alljährlich Abertausende von Menschen pilgern – sie sind Gnadenorte also nur, insofern sie Menschen zum Aufbruch gerufen haben – und insofern sie Ausdruck jener Verheißung Gottes sind, die der irdischen Pilgerschaft Richtung und Sinn schenkt. Aber gerade als Ausdruck solcher Verheißung laden sie nicht zum Verweilen ein, sondern weisen erneut die Tür: „Zieh weg von hier! ... Dein Weg ist noch nicht zu Ende. Deine wahre Ankunft steht erst noch aus."

# 6a ~ Gnade

*Der Aufbruch zu großen Wegen steht immer unter dem Vorbehalt möglichen Scheiterns.*[4] *Ich spreche hier aus konkreter Erfahrung. Aber selbst der Neuling, der sich zum ersten Mal auf einen großen Weg macht, wird schon in den ersten Tagen seines Marsches unausweichlich mit einer vor allem anfangs sehr belastenden Erfahrung konfrontiert: Da ist man einen ganzen Tag marschiert, und gerade in den ersten Etappen geht das oft bis an die körperliche Belastungsgrenze – aus Unerfahrenheit oder/und weil der gesamte Organismus noch nicht entsprechend „eingestellt" ist. Man spürt abends also alle Knochen und Fasern und eine große Müdigkeit; trotzdem oder vielleicht sogar gerade zu deren Bestätigung und Rechtfertigung rechnet man die bereits zurückgelegten Kilometer penibel nach – und wird dann auch noch unweigerlich mit einem Gefühl der Entmutigung konfrontiert: Was sind schon diese ersten, so unerhört anstrengenden 20, 30, 60, 80 Kilometer gegen die noch ausstehenden 500, 700 oder gar 1.000? Die nur unmerklich geringer gewordene Entfernung des Ziels, die Langsamkeit, mit der die Zahl der noch ausstehenden Marschtage sich verringert, legt sich schwer aufs Gemüt – zusammen mit einer Welle banger und bohrender Fragen: „Werde ich das jemals schaffen? Was kann da noch alles dazwischen kommen? Habe ich mich vielleicht über-*

[4] Unter „großen Wegen" verstehe ich solche, die sich aufgrund ihrer Länge oder Schwierigkeit einer durchgängigen Überschau- und Planbarkeit entziehen. Es sind Wege, auf die man sich in einem Sinne „einlassen" muss wie ein Schwimmer, der sich des festen Bodens unter den Füßen begibt und sich ganz den Wellen hingibt – im Vertrauen auf deren Tragkraft und die Erreichbarkeit eines unbekannten Ufers.

*fordert, mir zu viel zugetraut? War es dann aber überhaupt richtig aufzubrechen? Sollte ich nicht besser gleich abbrechen? …" Gefühle der Ohnmacht, der eigenen Kleinheit und Unsicherheit über das Unterfangen und das dazu nötige eigene Vermögen machen sich breit.*

*Der erfahrene Wanderer weiß damit umzugehen; ganz frei bleibt er dennoch nie davon. Ja, eigentlich weiß er sogar noch besser und genauer als der Neuling, was alles dazwischen kommen kann an Hindernissen und Schwierigkeiten auf dem Weg, was alles das Gelingen des Unternehmens gefährden und eine Ankunft am Ziel verhindern kann. Er kennt freilich auch das gegenteilige Gefühl: die unerhörte Anziehungskraft des Ziels gegen Ende des Weges, die plötzlich ungeahnte Kräfte freisetzt, Reserven mobilisiert, die bislang verborgen lagen, und Marschleistungen ermöglicht, die ihm selbst zuweilen rätselhaft bleiben. Aber bis dahin muss er erst einmal kommen.*

*In beiden Fällen jedenfalls erfährt der Wanderer eines: Es ist niemals nur die eigene körperliche Leistungsfähigkeit und psychische Spannkraft, die einen Weg gelingen und ein Ziel erreichen lassen. Die glückliche Ankunft bleibt über alle Phasen des Wegs hinweg ein Geschenk. Sie gibt dem zu sich selbst und seiner Mitwelt ehrlichen Wanderer also nicht Anlass zu Stolz und Selbstlob, sondern vielmehr zu Demut und Dankbarkeit. Das Erreichen eines großen Ziels bleibt – selbst für den geeichtesten, trainiertesten und gerade für den erfahrensten Wanderer – immer eine Gnade.*

## 6b ~ Dankbarkeit *(Lk 8,22-25)*

Als passioniertem Bergsteiger und Wanderer sind sie mir nichts Ungewöhnliches: Kreuze auf den heimischen Berggipfeln, Bildstöcke an den Wegen, Feld- und Bergmessen. Und dennoch frage ich mich: Wie kommt es dazu, dass Menschen Zeichen und Handlungen ihres Glaubens aus ihren Kirchen und Herrgottswinkeln heraus tragen und hinein in die von ihnen geliebte „Natur“? Wie kommt es dazu, dass ausgerechnet das Bergsteigen und Wandern immer wieder mit Grundvollzügen des Glaubens – speziell des christlichen – verbunden wird, und zwar mehr als das in anderen Freizeit- und Sportbereichen der Fall ist? Man feiert normalerweise ja auch keine Gottesdienste auf Fußball- oder Tennisplätzen oder an Badeseen. – Sind Bergsteiger etwa besonders fromm? Oder hält man sich mit der Feier von Bergmessen und dem Aufstellen von Gipfelkreuzen nur an überkommene Traditionen? Oder sind Bergmessen einfach der Versuch, einen schönen Sonntagsausflug mit dem ruhigen Gewissen durchzuführen, dabei auch noch so nebenbei die „Sonntagspflicht“ zu erfüllen – frei nach dem Motto: Kommt der Bergsteiger nicht in die Kirche, muss der Pfarrer halt auf den Berg?

Es mag noch andere Erklärungen dafür geben: Religionswissenschaftler würden sagen, dass sich schon seit Jahrtausenden Menschen an besonderen Stellen der Natur eingefunden haben, um hier ihren Gott anzubeten: unter mächtigen, alten Bäumen, an dunklen, geheimnisvollen Seen und besonders häufig eben auf Berggipfeln. Vielleicht liegt das daran, dass Menschen in der Begegnung mit der unberührten Natur fast zwangsläufig zu religiösen Gefühlen neigen; dass sie in der Ruhe eher zu Stille, Sammlung und Nachdenken über das eigene Leben finden als in den üblichen Wegen des Alltags; dass die Größe und Rätselhaftigkeit der Natur den Menschen einfach zu Staunen und Ehrfurcht führt – beides Ursprünge jeder Religion. Wer hat den Satz nicht schon oft gehört und vielleicht auch selbst so erlebt: „Ich kann Gott in der Natur besser begegnen als in unseren dumpfen Kirchen."?

Aber sind das schon hinreichende Gründe, um da draußen Gottesdienste zu feiern? Zumindest Christen glauben doch nicht an Naturgötter, die in alten Bäumen oder im Gesang der Vögel oder eben auf Berggipfeln wohnen, um dort angebetet zu werden!

Nun, man kann Bergsteigen und Wandern aus sehr verschiedenen Motiven: aus gesundheitlichen Gründen; auf der Suche nach den Grenzen der eigenen Leistungsfähigkeit und nach dem Ausweiten dieser Grenzen; um des Abenteuers – oder wie man heute sagt: des „Kicks" – willen; oder auf der Suche nach Einsamkeit und Ausgleich zum beruflichen Alltagstrott. Man kann Bergsteigen und Wandern daneben aber auch als ein zutiefst religiöses Tun entdecken: als spirituelle Übung, als Gebet mit Leib und Seele. Man kann es als Einübung in eine Grunderfahrung betreiben, die zutiefst mit dem Leben als Christ und insbesondere mit der Feier der Eucharistie zu tun hat. Und ich behaupte sogar, dass Bergsteigen und Weitwandern dazu eine der besten Übungen überhaupt ist: Die christliche Grunderfahrung, von der ich spreche, ist die Erfahrung der Dankbarkeit und des Vertrauens. Eucharistie feiern heißt ja gerade den Dank feiern – Dank für die Liebe und Gegenwart Gottes, wie sie in Jesus Christus offenbar geworden ist.

Was aber haben Alpinismus und ähnlicher Outdoor-Sport mit der Einübung in Dankbarkeit und Vertrauen zu tun? Werden sie nicht oft gerade mit dem genauen Gegenteil davon – mit der Vorstellung von totaler Unabhängigkeit – in Verbindung gebracht? Man denke nur an das unverwüstliche Klischee des heroischen, starken, unabhängigen Bergfexen, der jedem Wind und Wetter standhält, dem keine Wand schwierig genug ist, der zu allem fähig scheint: der schier unbezwingbare, auf sich allein vertrauende Alleinbezwinger schwierigster Routen? – Ich bin überzeugt: Wer einem solchen Ideal der Unabhängigkeit und Freiheit und des Selbst-Vertrauens nachläuft, läuft in Wahrheit einem Trugbild nach. Und wer das Bestehen heldenhafter Bergabenteuer oder großer Wege ausschließlich der eigenen Kraft, Ausdauer und Technik zuschreibt, lügt.

Die biblische Erzählung von der Stillung des Seesturms erzählt nicht von einem Jesus, der seine vor Angst vergehenden Jünger deshalb schilt, weil sie sich nicht mutiger verhalten, nicht tapfer die Ruder in die Hand nehmen und dem Sturm trotzen. Nein, er tadelt ihren Kleinglauben: Sie fühlen sich selbst machtlos und glauben *deshalb* schon alles verloren. Das aber ist Kleinglaube: Nur der eigenen Macht und Fähigkeit vertrauen und nicht der bergenden Gegenwart Gottes. – Gerade diese Erzählung des Evangeliums weist aber auch darauf hin: Es gibt kaum einen besseren Ort auf dieser Welt als die ungebändigte, großartige und gewaltige Natur, an dem der Mensch eindrücklich erfahren kann, wie sehr er sein Leben, wie sehr er das Gelingen seiner Vorhaben und Ziele nicht sich allein zuzuschreiben hat; dass er sein Leben nicht sich allein verdankt, sondern es immer wieder von neuem geschenkt erhält.

Ich habe es selbst erlebt: Gerade meine schwierigsten Bergtouren, gerade meine schönsten Gipfelerfolge, gerade meine größten Wege waren nie allein das Verdienst eigener Kraft und Ausdauer; gerade sie haben mich gelehrt, wie verkehrt es wäre, sich stolz auf die eigenen Schultern zu klopfen; wie sehr Leben und Erfolg abhingen von der gegenseitigen Hilfe der Gefährten und noch mehr davon, dass eben alles gestimmt hat, worüber weder ich noch sonst ein Mensch eine Verfügungsmacht hätte: Wetter, zufällige Begegnungen mit Ortskundigen etc. Gerade an der übermächtigen Natur konnte ich erfahren, wie wenig vom Menschen machbar ist. Nicht einmal das kameradschaftliche Füreinander ist künstlich herstellbar. Die größten und schönsten Gipfel und Wege sind darum niemals nur Bestätigung der eigenen Leistung, sondern viel mehr noch Geschenke, die man nur dankbar und demütig annehmen kann. Sie sind geradezu Sakramente: Zeichen und Erfahrung von Gnade, Erfahrung der frei sich schenkenden Zuwendung Gottes.

Das wahre und authentische Bild des Bergsteigers und Weitwanderers ist deshalb nicht der unbezwingbare, stählerne Bergfex, der scheinbar alles allein kann und möglichst unabhängig ist – nein: Gerade die unbändige und gewaltige Natur ist der rechte Ort, um Dankbarkeit und Demut zu lernen; zu lernen, dass im Leben eben nicht alles, und gerade das Wichtigste nicht einfach machbar und der menschlichen Leistung zu verdanken ist, sondern der Liebe und Zuwendung eines Nächsten und im Letzten der liebenden Gegenwart Gottes. – Das ist – um an den früheren Innsbrucker Bischof und Bergsteiger Reinhold Stecher anzuknüpfen – „die Botschaft der Berge“ an eine Welt, die glaubt, alles alleine machen zu können und in der eigenen Macht zu haben. Das ist die Botschaft der Natur an eine Welt, die glaubt, das größte Glück des Menschen bestünde in seiner Unabhängigkeit und nicht in der dankbaren Erfahrung, dass er sein Leben der freien, ungeschuldeten Liebe eines Anderen – Gottes – verdankt. Nicht der selbstherrliche und unabhängige Bergheld, sondern der Mensch, der im Augenblick seines größten Erfolgs die Hände zum dankbaren Gebet faltet – das ist das Urbild eines glücklichen Menschen. Ähnlich hat es der 1945 von den Nazis hingerichtete Jesuitenpater Alfred Delp – ebenfalls einer, der gerne in die Berge ging – in einem starken Satz formuliert: *„Das gebeugte Knie und die hingehaltenen leeren Hände sind die beiden Urgebärden des freien Menschen."*

## 7a ~ Einsamkeit

*Es gibt während jedes großen Weges Abschnitte, von denen zu sprechen dem Wanderer niemals leicht fällt: Ich meine die Erfahrung der Einsamkeit (die etwas anderes und ungleich schwerer zu ertragendes ist als nur ein Alleinsein), die Erfahrung der Mut-, Kraft- und Ratlosigkeit, schließlich der Verzweiflung. Fast jeder große Weg führt den Wanderer irgendwann an den Punkt, an dem er nicht mehr weiter kann und nicht mehr weiter weiß, und an dem alles zusammenkommt, was der Wanderer sonst nur aus Albträumen kennt: physische und psychische Erschöpfung, der Weiterweg unklar oder gefährlich, der Rückweg unmöglich, das Ziel in schier unerreichbarer Ferne oder plötzlich zweifelhaft, dazu noch die Gegend eintönig, das Wetter saumäßig, die Weggefährten – sofern überhaupt vorhanden – in mindestens demselben schlimmen Zustand; eine verzweifelte Situation zum Heulen, in der sich der Wanderer fühlt wie der letzte Dreck.*

*Die erwähnte Hemmung, von solchen Momenten zu erzählen, erklärt sich einerseits und wohl verständlicher Weise durch Scham. Die eigene Schwäche ist nicht für die Öffentlichkeit bestimmt, sondern – sofern überhaupt – allenfalls für die Vertrautesten unter den Menschen oder gar nur für Gott. (Ich habe selbst lange mit mir gerungen, ob ich denn sinnvoll und berechtigter Weise und – wenn ja – in welcher Form ich davon schreiben könnte, und habe mich schließlich für diese Form einer sehr allgemein bleibenden Zustandsbeschreibung entschieden.)*

*Es gibt aber noch einen Grund für die Schwierigkeit des Sprechens über solche Grenzerfahrungen und deren exklusive Bestimmung für die Sphäre persönlicher Intimität: Die Nacht der Verzweiflung ist in all ihrer Abgründigkeit und Dunkelheit zugleich der Ort für die Erfahrung einer Gegenwart, die im Letzten immer ein unaussprechliches Geheimnis bleibt; einer Gegenwart, die allein es vermag, den Verzweifelten die äußerste Hoffnungslosigkeit seines Daseins bestehen und seinen Weg allen Widerwärtigkeiten zum Trotz fortsetzen zu lassen, und die ihn am Ende der Nacht schließlich wieder dem Leben zuführt und zurück gibt.*

## 7b ~ Nacht *(Lk 2,1-14)*

Immerhin feiere ich mittlerweile schon seit beinahe 50 Jahren Weihnachten; darauf aufmerksam geworden bin ich allerdings erst vor wenigen Jahren: Die vertraute, sinnenfällige Dramaturgie der mitternächtlichen Weihnachtsliturgie ist von einer überraschenden Zäsur gekennzeichnet. Das seitens der liturgischen Leseordnung vorgesehene Evangelium der Heiligen Nacht bricht – genau besehen – etwas zu früh ab: Es erzählt zunächst von einer Geburt in ärmlichen Verhältnissen. Diese Geschichte allein vermag bestenfalls emotional zu berühren und Mitgefühl zu wecken; aber über eine leichte Sentimentalität hinaus kommt man dabei noch nicht. Dann erzählt das Evangelium noch von einer sonderbaren, nächtlichen Erscheinung von Engeln, die draußen vor der Stadt auf freiem Feld irgendwelchen Hirten zuteil wird.

Alljährlich wird die freudige Botschaft der Engel gehört; es wird einem warm ums Herz – aber: Ist das alles? Ist das Weihnachtsfest damit etwa schon an seinem Ziel? Fehlt da nicht noch Entscheidendes? – Gott wird Mensch in Gestalt eines Neugeborenen; diese Botschaft wird verkündet. – Ja und? Braucht oder bräuchte es da nicht noch eine Reaktion, damit wirklich Weihnachten werden kann? Die Geburt alleine bewirkt doch noch nichts, solange niemand sie bemerkt. Auch die Botschaft davon bleibt nur bewegte Luft, solange sie nicht aufgegriffen und in irgendeiner Weise beantwortet wird. – Davon aber schweigt das Evangelium der Heiligen Nacht; es bricht davor – mit der Botschaft der Engel – ab. Erst am Morgen des Christtags setzt es gemäß der liturgischen Leseordnung fort. Erst am nächsten Morgen berichtet es also von der Reaktion der ersten Adressaten der Weihnachtsbotschaft: wie die Hirten sich aufmachten, um den Stall zu suchen und das Neugeborene zu finden. Erst damit, mit dieser Begegnung, ist die Weihnachtsbotschaft am Ziel: Gott wird Mensch – und andere Menschen werden davon bewegt, suchen nach Ihm und begegnen Ihm.

Ich habe mich gefragt, weshalb das Evangelium der Heiligen Nacht so unvermittelt abbricht mit der Botschaft der Engel und erst am nächsten Morgen fortfährt in seinem Erzählfluss. Liegt da ein tieferer Sinn verborgen, eine bewusst eingerichtete Dramaturgie des Festes? Mir will scheinen: Ja, die Unvollständigkeit der Weihnachtsbotschaft in der Mitte der Heiligen Nacht ist wichtig. Denn sie will ihre Hörer persönlich mit ins Spiel bringen. Sie will nicht einfach eine schöne, eine zwar rührende, aber in sich abgeschlossene Geschichte erzählen – ohne wirklichen Belang für das konkrete eigene Leben. Ihr offenes Ende *will* gerade, dass ihre Hörer fragen: Ja – und? Was weiter? Ihr offenes Ende stellt ihre Hörer praktisch an die Seite der Hirten jener Nacht. Auch die sahen sich konfrontiert mit der Frage, was sie mit der Botschaft der Engel anstellen sollten: ihr noch ein wenig nachhängen, bis sie wieder verpufft und verblasst, dann einfach am wärmenden Lagerfeuer hocken bleiben und weiter träumen – oder sich von der Botschaft ansprechen und involvieren lassen und ihr auf den Grund gehen? Letzteres aber bedeutet: aufbrechen, in die Nacht hinaus gehen und die Begegnung mit dem Angekündigten, mit dem Mensch gewordenen Gott suchen.

Die unfertige Weihnachtsgeschichte stellt ihre Hörer heute immer noch vor dieselbe Wahl wie die Hirten damals. Weihnachten ist eben keine bloße Geschichte; Weihnachten ist ein Geschehen, eine Begegnung: Gott wird nicht Mensch, damit Menschen davon *wissen*, sondern damit sie Ihm begegnen. Die innerste Mitte des Weihnachtsgeschehens ist also nicht schon die Geburt des Kindes und ihre Verkündigung durch die Engel. Die Menschwerdung Gottes wird erst bedeutsam und von Belang für das eigene Leben, wenn man sich davon in Bewegung setzen lässt und sich einlässt auf die Konfrontation damit.

Weihnachten ist in seinem Kern also keineswegs vorbei, wenn alljährlich am Ende der Christmette das „Stille Nacht" abgesungen wird; Weihnachten fängt dann eigentlich erst an. Die Botschaft der Engel will ihre Hörer heute wie damals die Hirten bewegen und hinaus rufen: weg von den leuchtenden Christbäumen und warmen Öfen, weg von den gedeckten Tischen, ja sogar weg von der bergenden Gemeinschaft ihrer Familien und Freunde – und hinaus in die Nächte ihres Daseins. Denn dort begegnet der Mensch gewordene Gott: am äußersten Rand der Gesellschaft, am äußersten Rand der eigenen Existenz. Gott spricht in seiner Menschwerdung auch und gerade zu den dunklen und leidvollen Rändern menschlichen Lebens sein Ja. Durch dieses Ja kann ein Mensch diesen Dunkelheiten seines Lebens überhaupt erst begegnen, sie seinerseits bejahen und annehmen. Und vielleicht kann er für das, was er in den tiefsten Nächten seines Daseins dann erfährt – vielleicht kann er dafür dann sogar Gott rühmen und loben wie die Hirten bei der Rückkehr von ihrer nächtlichen Wanderung und Begegnung. Aber davon erzählt das Evangelium erst am Morgen des Christtags – am anderen Ende, jenseits der Nacht …

Streng genommen wäre es also angebracht, nach der Christmette nicht endlich nach Hause ins wohlig warme Bett zu gehen, sondern hinaus in die Nacht – nicht nur in die kalte Winternacht, sondern vielmehr noch in die Nächte und Dunkelheiten des eigenen Daseins: Erst dort nämlich kann die Botschaft von Weihnachten nicht nur gehört werden; erst dort kann sie sich auch ereignen. Erst dort: in der Begegnung mit den Dunkelheiten der eigenen Existenz, erst dort, wo jeder Mensch unvertretbar auf sich allein gestellt ist und sich in einer letzten Einsamkeit erfährt angesichts von Leid, Ohnmacht, Unrecht, Armut und Tod – erst dort wird dem Menschen auch erfahrbar, was Menschwerdung Gottes bedeutet, was Gottes Name und sein Wesen in einer letzten Tiefe meinen: immerwährende, bergende Gegenwart – gerade dort, wo sonst nichts und niemand mehr ist. Erst in der Konfrontation mit den äußersten Rändern der eigenen Existenz kann dem Menschen die Nacht, die dunkle Seite seines Daseins, zur Heiligen Nacht und deren Botschaft Wirklichkeit werden: Immanuel – Gott mit uns.

# 8a ~ Boden

*Seit meiner Jugend gehört Gehen zu meinen Lieblingsbeschäftigungen. Wäre es gesundheitsschädlich, müsste man mich in dieser Hinsicht wohl für „süchtig" erklären. Aber das Gegenteil ist ja der Fall: Gehen ist eine Therapie für Leib und Seele. Bei Kummer jeglicher Art, vor schweren Entscheidungen oder unangenehmen Aufgaben – nach einem Spaziergang „geht es wieder" und tun sich neue Wege auf. Gehen beruhigt. Gehen richtet ins Lot. Gehen erdet.*

*Ich habe mich oft nach der Ursache dieser heilsamen Wirkung gefragt. Gehirnforscher machen die Ausschüttung von „Glückshormonen" und Therapeuten irgendwelche „alpha-Wellen" dafür verantwortlich, verursacht durch gleichmäßige Bewegung. Davon weiß ich nichts. Ich weiß nur, was ich beim Gehen besonders intensiv wahrnehme: den Kontakt mit dem Boden. Er ist immer da. Egal, über welches Gelände ich gerade gehe – der Boden unter meinen Füßen vermittelt mir die Gewissheit einer ewigen, unverrückbaren Gegenwart. So wird Gehen zur Schule des Vertrauens …*

*… und der Freiheit: Wer um die sichere Gegenwart des Bodens weiß, benötigt keine weiteren Sicherheitsnetze, Hintertüren und Lebenskrücken – auch keine politischen oder religiösen Machtapparate und -systeme. Ja, diese werden im Vergleich zur Festigkeit und Verlässlichkeit des Bodens unter den eigenen Füßen nachgerade lächerlich.*

*... und der Liebe: Der Boden ist da und trägt; dass er mich gut und sanft trägt, liegt in meiner Verantwortung: an meiner Aufmerksamkeit, meinem Respekt – meiner Liebe zu ihm. Der Boden unter meinen Füßen hat mich gelehrt, was Ilse Aichinger so wunderbar formuliert hat: „Die Welt ist aus dem Stoff, der BetrAchtung verlangt."*

## *8b* ~ Gegenwart *(Ex 3,1-15)*

Bei der biblischen Erzählung, wie Gott dem Moses am Rande der Wüste in einem brennenden Dornbusch begegnet, handelt es sich um die vielleicht wichtigste Stelle des gesamten Ersten Testaments: von zentraler Bedeutung deshalb, weil hier der Name Gottes eröffnet wird. Wenn schon die ganze Bibel Selbstoffenbarung Gottes ist, dann stellt die Offenbarung seines Namens zweifellos ihre Mitte dar. Denn ein Name bezeichnet nach biblischer Tradition das Wesen des Benannten selbst. Und die Ehrfurcht aller gläubigen Juden vor dem hier preisgegebenen Namen Gottes ist so groß, dass sie ihn nur zu schreiben, niemals aber auszusprechen wagen: Die eigenen Lippen wären niemals rein genug dafür.

Die 4 hebräischen Buchstaben „הוהי - JHWH", aus denen dieser Name Gottes besteht, sind nicht eindeutig in unsere Sprache zu übersetzen, am ehesten mit „Ich bin" bzw. „Ich bin da". Gemeint ist jedenfalls ein Wort der Gegenwart: Gott heißt und ist der „Ich-bin-da", also der immer und ewig Da-Seiende und niemals Abwesende. Sein Wesen ist ewig währende Anwesenheit und Gegenwart. – „Ich bin der Ich-bin-da." So stellt Gott sich dem Moses vor und dieser Ihn später dem Volk Israel, das unter der ägyptischen Sklaverei leidet und das er in diesem Namen zum Aufbruch motivieren und in die Freiheit führen soll. „Ich bin da." Es gibt für unterdrückte, für leidende und einsame, es gibt für alle Menschen kein heiligeres, kein heilsameres Wort – so schwer fassbar und rätselhaft das Wort als Eigenname auch sein mag!

Denn unfassbar ist dieser Name tatsächlich: Wer in dieser Welt könnte jemals sein eigenes Wesen so beschreiben und ewige Gegenwart von sich behaupten? Jedes Kleinkind macht irgendwann die Erfahrung der Abwesenheit seiner Eltern und muss damit fertig werden. Selbst noch so treue Liebe kann die dauernde Anwesenheit des Liebenden nicht verbürgen. – Es gibt meiner Ansicht nach nur eine einzige Form der Lebens- und Welterfahrung, die dem Menschen ein einigermaßen adäquates Gleichnis für die ewige Gegenwart Gottes sein kann: die Erfahrung des Bodens unter den eigenen Füßen. Er ist immer da.

Vielleicht liegt darin sogar die tiefere Bedeutung dieser zunächst belanglos scheinenden und wohl archaisch-kultischen Vorschriften geschuldeten Anweisung an Moses bei dessen Annäherung an den brennenden Dornbusch: *„Leg deine Schuhe ab; denn der Ort, wo du stehst, ist heiliger Boden."* Nichts soll mehr zwischen Moses und dem Boden unter seinen Füßen sein; er soll ihn unmittelbar spüren und seine Gegenwart wahrnehmen.

Es ist für mich eine der wichtigsten Formen des Betens geworden, die mich ganz – mit Seele *und* Leib – ergreift, und auf meinen Berg- und Weitwanderungen komme ich immer wieder darauf zurück: Solange die Konzentration es zulässt – am besten stundenlang – beim langsam-schweigenden Gehen über Wege, Geröllfelder und Felsgrate auf nichts anderes achten als auf den Boden unter den Füßen – und ihn als Metapher betrachten, als Gleichnis für die ewige Gegenwart Gottes. – Auch der Boden ist ja immer da: manchmal sicheren, bequemen Tritt bietend, zuweilen aber auch holprig, glitschig, viel Aufmerksamkeit erfordernd – aber doch immer da. Wenn ein Mensch beim Gehen einmal stolpert oder ausrutscht: es ist niemals die Schuld des Bodens, sondern immer des Gehers, der eben nicht aufmerksam genug war und dem Boden einen Schritt aufzwingen wollte, den dieser nicht gewährte und zuließ. Mitunter kann ein Bergsteiger einen Schritt nur tun im absoluten Vertrauen auf die Haftung und Festigkeit des Bodens, und jeder Mangel an solchem Vertrauen lässt den Fuß dann wirklich abgleiten und führt zum Sturz. Aber stürzt ein Bergsteiger einmal tatsächlich ab: er fällt nie ins Leere; selbst hier ist der Boden immer da und fängt den Stürzenden auf – mitunter ein letztes Mal: für immer.

Es braucht für diese gehende Meditation der ewigen Gegenwart Gottes nicht unbedingt hohe Berge oder einsame Wege; man kann überall – auch mitten im Gerenne des städtischen Alltags – auf diese Weise mit dem ganzen Körper beten und Gottes Gegenwart im eigenen Leben meditieren. Ich praktiziere es besonders dann, wenn etwas mich beunruhigt: unangenehme Aufgaben, starke Herausforderungen, persönlicher Stress. Es gilt einfach, unter den vielen Reizen, die ohne Unterlass auf die eigenen Sinne einströmen, die Aufmerksamkeit einer Wirklichkeit zu schenken, die normaler Weise sprichwörtlich „über-gangen" wird. Es gilt, die eigene Aufmerksamkeit auf nichts anderes zu lenken als auf den Boden unter den eigenen Füßen – und zu spüren: wie dieser Boden trägt und hält; wie er doch immer wieder Aufmerksamkeit und Vertrauen verlangt; wie man sich – um vorwärts zu kommen – mit jedem Schritt vom Boden lösen muss, nur um erneut Halt darin zu finden. Und es gilt, in all dem zu spüren: Der Boden ist da.

In den letzten Jahren ist die Menschheit in verschiedenen Weltgegenden mehrfach mit katastrophalen Ereignissen konfrontiert worden, in denen der Boden unsicher, ja gefährlich zu werden

schien: riesige Hangrutschungen nach schweren Regenfällen, vor allem aber Erdbeben wie in Haiti, Japan und Chile. Aber genau genommen war es auch hier nicht der Boden, der die Katastrophen verursacht hat, sondern menschliches Fehlverhalten im Umgang damit: falsches Bauen am falschen Ort etwa. Der Boden selbst ist immer noch da; aber er ist eben nicht gleichgültig.

Gerade auch darin ist der Boden Gleichnis für Gott und seine Gegenwart: Gott ist immer da – aber nicht einfach und bequem verfügbar und immer zupass. Auch Gott fordert Aufmerksamkeit und Vertrauen, oft auch Gehorsam und Ehrfurcht im Sinne der Bereitschaft, genau hinzuhören und Seine Unbegreiflichkeit und Unbedingtheit zu akzeptieren. Dennoch bleibt gültig: Wie ein Mensch niemals ins Bodenlose fallen kann, so sagt ihm der Name Gottes noch in seinem letzten Scheitern Seine Gegenwart zu.

Der unscheinbare, der schmutzbedeckte, der achtlos übergangene und getretene Boden unter den eigenen Füßen ist deshalb heilig – ist der heiligste Ort dieser Welt: denn in ihm ist der Name und das Wesen Gottes selbst eingeschrieben!

# *9a* ~ Freiheit

*Gehen macht körperlich wie geistig beweglich, schenkt also Freiheit. Die Freiheit des Nomaden aber ist stets gefährdet – nicht nur durch die Verlockungen der bequemeren Sesshaftigkeit; die Freiheit des Gehers kann auch umschlagen in Unverbindlichkeit, Beliebigkeit, Profil- und Standortlosigkeit. Wer aber keinen eigenen Standpunkt hat, wird leicht zum Spielball fremder Interessen. Freiheit kann auf diese Weise schnell – und oft zu spät bzw. überhaupt unbemerkt – in Fremdbestimmtheit umkippen: Das Subjekt vermeint, für alle Wege offen zu sein; weil es aber keine eigenen Ziele verfolgt und sich auf keine verbindlichen Grundsätze und Werte festlegen will, gerät es in die Abhängigkeit der Möglichkeiten, die sich ihm gerade bieten. Es agiert nicht, es reagiert nur mehr – bestenfalls noch auf die Impulse augenblicklicher Vorlieben und Lustantriebe, im schlimmeren, aber wohl häufigeren Fall auf die von Anderen gesetzten Angebote.*

*Damit der Nomade sich nicht (im furchtbaren mehrfachen Sinn des Wortes) verliert auf seinem Weg durch die Welt, muss er deshalb eine „Kultur der Freiheit" entwickeln, zu der die klare Formulierung von Zielen und deren regelmäßige kritische Reflexion ebenso gehört wie die bewusste Pflege „heimatlicher" Wurzeln und Bindungen. Die große Herausforderung für den Wanderer besteht darin, leiblich wie geistig-geistlich beweglich zu bleiben, dabei aber nicht zum „Flachwurzler" oder zur bloßen Windfahne zu werden.*

## 9b ~ Heimat *(Lk 9,51-62)*

Viele Menschen reisen freiwillig nur, um sich für die Dauer ihres Urlaubs in entspannenden, sonnensicheren Wohlfühl-Regionen niederzulassen. Eine kleine Minderheit, zu der auch ich mich zähle, scheint in ihrer Art zu reisen aber auch so etwas wie die regelmäßige Erinnerung an einen menschlichen Urzustand zu pflegen: an das Nomadentum. Für eine begrenzte Zeit versucht sie, auf die festen Strukturen ihrer Sesshaftigkeit zu verzichten und ein wenig von der Freiheit und Ungebundenheit des Nomaden-Daseins zu kosten.

Freilich kommen diese modernen Verkostungen des Nomaden-Lebens kaum ohne „künstliche Aromen" aus: Reise- und Rückholversicherungen, reichlich Literatur zur Vorab-Information, HighTech-Ausrüstungen – all das garantiert den modernen Urlaubs-Nomaden eine schmackhafte, gut bekömmliche sowie leicht verdauliche Heimatlosigkeit und lässt leicht vergessen, dass der Verzicht auf ein sicheres Zuhause für viele Menschen auch eine sehr leidvolle Seite hat: Politische Missstände und gewalttätige Konflikte, wirtschaftliche Notlagen oder die Flexibilisierungswut moderner Kapitalstrategen machen viele Menschen zu unfreiwilligen Nomaden. Und beileibe nicht alle, die aufbrechen, finden wieder eine neue Heimat, sondern geraten vielmehr in Situationen, die oft noch schlimmer sind als die Auslöser ihrer Migration.

Bereits die Überlieferungen des Ersten Testaments berichten von solchen Erfahrungen: Das Volk Israel murrte, als die Wanderung durch die Wüste Sinai beschwerlich wurde, die doch ein Zug in die Freiheit werden sollte, und es wünschte sich zurück zu „den Fleischtöpfen Ägyptens“, also seines früheren Sklavenhauses. (Vgl. Ex 16,2f.) Es verhält sich wie Gefangene, die aus Angst vor der Freiheit und ihren Herausforderungen sich zurücksehnen nach den Ketten, die ihnen abgenommen wurden. – Das klingt vielleicht absurd, spiegelt aber eine Haltung wider, die gar nicht so selten anzutreffen ist: Freiheit ist unbequem und anstrengend, weil mit ihr auch das Maß an Eigenverantwortung wächst; sie kann deshalb Angst machen und dazu bringen, *„dass wir die Übel, die wir haben, lieber ertragen als zu unbekannten flieh'n“*, wie es in Shakespeares berühmtem Hamlet-Monolog heißt. Angst vor Freiheit führt jedenfalls erneut in Gefangenschaft; sie lässt den Ruf nach festen Anhaltspunkten, nach sicheren Verhältnissen und klaren Strukturen stark werden und spielt jenen in die Hände, die nur allzu gerne Macht über andere ausüben: politischen Populisten oder skrupellosen Werbestrategen und Medienzaren nicht weniger als verknöcherten Religionsführern – auch in meiner eigenen Kirche.

Es scheint sich dabei um ein menschliches Grundproblem zu handeln: Nicht ohne Grund sah sich deshalb schon der Apostel Paulus genötigt, den Adressaten seines Briefs an die Galater geradezu einzuhämmern, dass Christen kraft der Taufe „zur Freiheit berufen“ sind und sich unter keinen Umständen unter ein „Joch der Knechtschaft“ beugen sollen (Gal 5,1) – worin dieses nun immer bestehen mag: tote religiöse oder andere Gesetzesvorschriften, materielle Güter, eigene Trägheit, Bequemlichkeit oder Begehrlichkeit, ja sogar familiäre Bindungen.

Ich glaube nicht, dass ich hier Paulus' Ermahnung zur Freiheit überstrapaziere. Das Evangelium spricht zumindest eine ganz ähnliche, zugegeben sehr herbe, jedenfalls aber unzweideutige Sprache: Wer sich auf einen Weg mit Jesus einlässt, muss vielfältige Bindungen ablegen, darf unter Umständen nicht mehr zurückblicken, nicht einmal Abschied nehmen von Liebgewordenem, und muss damit rechnen, ein Unbehauster zu werden in dieser Welt – wie Jesus, der Menschensohn: ohne Nest oder Höhle, ohne festen Ort, um nur sein Haupt hinzulegen. Der paulinische Freiheitsbegriff begegnet hier nochmals im Bild des Nomadentums. Das ist nach dem Evangelium jedenfalls alles andere als romantisch. – Und es birgt auch eine neue Gefahr:

Der US-amerikanische Soziologe Richard Sennett etwa warnte schon 1998 in seiner Studie *„The Corrosion of Character"* vor einer zeitgeistigen Verzerrung, ja Pervertierung von Freiheit zu neuer Unfreiheit: In seiner Analyse müssen moderne Menschen im gegenwärtigen kapitalistischen Wirtschafts- und Gesellschaftssystem unter dem Zauberwort „Flexibilität" stets bereit sein für Veränderungen: in den Arbeitsprozessen, in ihrer beruflichen Stellung und in der Folge auch hinsichtlich ihres Wohnorts, ihrer Familiensituation, ihres sozialen Umfelds. Diese umfassende Nomadisierung des modernen Lebens wird zwar „verkauft" als Steigerung von Freiheit und Selbstbestimmung. Wo aber nur das immer Neue gefragt ist und keine Routine entstehen darf, wo das ständige Unterwegs-Sein selbst zum Lebensinhalt wird, werden tragfähige Bindungen unmöglich und korrodiert Freiheit zur Bindungslosigkeit. Das äußere Leben des Einzelnen wird dadurch ebenso wie sein Charakter zum profil- und ziellosen Stückwerk, unterworfen den zufälligen Anforderungen des freien Marktes. Statt mehr Freiheit bringt die hoch gepriesene Flexibilisierung also eher ein Gefühl der Isolation und Sinnlosigkeit. Nicht mehr Selbstbestimmung lautet ihr wahres Ergebnis, sondern größere Manipulierbarkeit des Einzelnen von außen, weil ihm genau das fehlt, was selbstbestimmtes Leben fundamental benötigt: Beheimatung.

Wie aber ist das zusammenzubringen: die Lebensnotwendigkeit von Beheimatung mit der nomadischen Freiheit des Evangeliums? Kann es denn so etwas wie Beheimatung für Nomaden geben? – In seiner *„Steirischen Lebenswanderung"* formulierte der Dichter Franz Nabl 1938 einen bemerkenswerten Satz: *„Der Mensch hat nicht nur dort Heimat, wo er entspringt, sondern auch dort, wo er mündet."* – Vielleicht hält dieses Wort den gesuchten Schlüssel zu einer Lösung bereit: Tatsächlich bezeichnet Jesus den als untauglich für das Gottesreich, *„der die Hand an den Pflug gelegt hat und nochmals zurückblickt"*. Es ist vielleicht auch nicht unerheblich, dass diese herben Worte auf einem Weg fallen, für den das Evangelium ausdrücklich Richtung und Ziel angibt: Jerusalem. Vielleicht will das sagen: Die nomadische Freiheit der Getauften erlaubt zwar keine Beheimatung im Blick zurück, keine Bindungen an Vergangenes. Sehr wohl aber erlaubt, ja verlangt diese Freiheit eine Beheimatung im Blick nach vorn. Wer Jesus nachfolgen will, darf das also nicht mit einem rückwärtsgewandten Blick tun: im Versuch festzuhalten, was vielleicht einmal war. Nein, wer Jesus nachfolgen will (das insinuiert bereits das Wort „Nachfolge"!), muss dessen Spuren vor sich suchen: in der lebendigen, aufmerksamen Begegnung mit dem stets Neuen, das da auf einen zukommt. Christen finden Wurzel und Heimat also im Vertrauen darauf, dass das Reich Gottes nicht hinter ihnen liegt – womöglich in irgendeiner guten alten Zeit, sondern dass es vielmehr als Zukunft verheißen und angesagt ist. – Und es kann so zu einer Form der Beheimatung werden, die auch – nein: die vielmehr nur dem Nomaden möglich ist. Sie eröffnet ihm Freiheit und bewahrt ihn zugleich davor, sich zu verlieren in der Unbestimmtheit bzw. Fremdbestimmtheit eines richtungs- und ziellosen Weges.

## 10a ~ Füße

*Die meisten körperlichen Belastungen können in ihren Auswirkungen durch entsprechendes Muskel-, Ausdauer- und Bewegungstraining dahingehend gemildert werden, dass physische Schädigungen hintan gehalten, durch die ungewohnte Beanspruchung hervorgerufene Beschwerden verringert oder überhaupt „weg-trainiert“ und überhaupt alle sonst noch infrage kommenden Belastungsgrenzen bedeutend erweitert werden können.*

*Dem widersetzen sich – zumindest ab einem gewissen Grad der Beanspruchung – ausgerechnet die Füße als ganz essentielle Organe des Gehens. Spätestens bei km 25 einer Tagesetappe beginnen sie praktisch immer zu schmerzen – selbst nach wochenlangen Fußmärschen. Ich meine hier gar nicht die auch offen sichtbaren Fußbeschwerden: wund gescheuerte Hautpassagen und Blasen, blau gestoßene oder gequetschte Fußnägel etc. Davon werden Wanderer ja in sehr unterschiedlicher Weise – von gar nicht bis wirklich grausam – geplagt. Ich spreche vielmehr von diesem unvermeidlichen Brennen, das jeder Wanderer am Ende eines ausgiebigen Marsches kennt, selbst wenn seine Füße sonst völlig unversehrt sind. Dieser Schmerz ist auch kaum verwunderlich, wenn man sich vergegenwärtigt, welch enormen mechanischen Belastungen vor allem das Fleisch der Fuß- und Zehenballen bei so einem Marsch ausgesetzt wird. Es grenzt dagegen schon eher an ein Wunder, dass dieses am Ende eines Marschtages sichtbar und fühlbar mürbe und weich gewalkte Fleisch sich Nacht für Nacht wieder so wunderbar erholt, dass es bereits am folgenden Tag von neuem dieser Tortur unterzogen werden kann, ohne dass es irgendwann einmal zerfällt. Mehr oder weniger schmerzhaft bemerkbar macht sich diese Dauerbeanspruchung aber dennoch immer – selbst beim geübtesten und trainiertesten Wanderer.*

*Vielleicht steckt hinter diesem physikalisch verursachten Schmerz aber noch ein tieferer Sinn oder gar eine Botschaft: Hier rufen Körperteile nach einer Aufmerksamkeit, die ihnen – im Vergleich mit anderen Zonen des Leibes – sonst kaum zuteil wird. Und ich meine hier gar nicht so sehr die Aufmerksamkeit hygienischer und kosmetischer Pflege, sondern vielmehr auch sinnliche und geistige Zuwendung: Vom Kontakt mit dem Boden, den die Fußsohlen vermitteln, habe ich schon an anderer Stelle gesprochen. Aber mehr noch als das sind unsere Füße letztlich Kommunikationsorgane und haben also mit wesentlichen Grundvollzügen des Lebens – insbesondere des menschlichen Lebens – zu tun: Bewegung und Begegnung.*

## 10b ~ Gemeinschaft *(Joh 13,1-15)*

Am Anfang der drei großen heiligen Tage des alljährlichen christlichen Osterfestes, in der Liturgie des Gründonnerstags, steht eine starke und berührende Symbolhandlung: die Fußwaschung. Der Vorsteher der Liturgie wäscht anderen Menschen die Füße – in Nachahmung einer ähnlichen Handlung, die nach der biblischen Überlieferung Jesus vor seinem letzten Abendmahl an seinen Aposteln begangen hat. – Warum ausgerechnet die Füße? – Gewiss, die Füße kommen am meisten mit Schmutz in Berührung, zumal bei den nur Sandalen tragenden Gefährten Jesu. Aber wenn man diese Waschung jetzt einmal im übertragenen Sinn versteht: Klebt der eigentliche Schmutz, klebt Schuld – so man eine solche auf sich geladen hat – nicht eher an den Händen oder mitten im Gesicht auf den Lippen oder gar im Kopf selbst, von wo doch alles seinen Ausgang nimmt, was ein Mensch willentlich tut oder unterlässt? Warum ausgerechnet die Füße?

Nun, die Fußwaschung ist zunächst das deutlichste Symbol des reinen Dienstes, den ein Mensch einem anderen tun kann – eine Handlung, die tiefe Demut ausdrückt. Es gehört auch heute noch dem Image und gesellschaftlichen Status nach zu den eher „niedrigen" Tätigkeiten, wenn ein Mensch – in den meisten Fällen sind es Frauen, die das tun – einem anderen die Füße wäscht, etwa weil der es selbst nicht vermag. Und zur Zeit Jesu war die Fußwaschung überhaupt Sklavenarbeit, ähnlich tiefstrangig wie das Ausheben von Latrinen.

Das schlechte Image der Füße ist also uralt, begegnet in praktisch allen Kulturen und bis heute: Man zeigt einander Kopf und Hände unbekleidet, berührt einander sogar damit ohne Schutz; aber die Füße werden in der Regel verborgen gehalten. Selbst im Sommer, wenn es ausreichend warm wäre, um barfuß zu gehen, gilt es jedenfalls bei feineren, festlichen Anlässen und zumindest für Männer als unschicklich, nur in Sandalen oder gar noch ohne Socken aufzutreten. Im alltäglichen Sprachgebrauch spricht man bei der Bezeichnung sozial eher untergeordneter Gruppen vom „gemeinen Fußvolk", und unter den militärischen Gattungen hatten und haben berittene bzw. später motorisierte Einheiten immer ein glänzenderes, edleres Image als eben die einfach zu Fuß marschierende Infanterie. Muslime benetzen vor Betreten einer Moschee zwar mit eher symbolischen Gesten Hände, Gesicht, Arme und Ohren; ihre Füße aber – offenbar Inbegriff der Unreinheit – waschen sie gleich dreimal vor jedem Gebet. Oder im asiatischen Kulturkreis: Da versucht man vor allem beim Sitzen die Füße zu verbergen und setzt sich tunlichst gleich darauf; und wenn man wo eingeladen ist, ist unbedingt darauf zu achten, nicht nur die Schuhe gleich an der Haustüre auszuziehen, sondern auch darauf, dass während der anschließenden Begegnung die eigenen Fußspitzen niemals auf eine andere Person zeigen.

Füße galten und gelten also praktisch immer und überall als unrein und unedel. Das belegen auch zahlreiche biblische Beispiele; und es gibt dagegen ganz wenige Ausnahmen in der Bibel, in denen die Füße wirklich gut wegkommen. Eine der prägnantesten findet sich im Buch des Propheten Jesaja, wo es heißt: *„Schön sind auf den Bergen die Füße des Freudenboten, der … Rettung verheißt …"* (Jes 52,7) – Gerade das bringt mich aber auf die Idee, ob die Zeichenhandlung der Fußwaschung vor dem letzten Abendmahl Jesu nicht auch noch ganz anders gedeutet werden kann: Vielleicht gehört auch diese Szene zu den wenigen Bibelstellen, in denen den Füßen besondere Aufmerksamkeit zuteil wird, weil sie eben so wichtig sind.

Es ist doch interessant, dass ausgerechnet am Gründonnerstag, an dem besonders des letzten Abendmahls und der Einsetzung der eucharistischen Mahlgemeinschaft gedacht wird – dass also gerade am Gründonnerstag das in der Liturgie verlesene Evangelium eigentlich nicht von diesem Mahl selbst spricht, sondern davon, was sich davor abgespielt hat: eben diese Szene von der Fußwaschung. Das Gedächtnis des letzten Abendmahls und der Einsetzung der Eucharistie, die ja auch Kommunion genannt wird (vom lateinischen Wort „*communio*" = Gemeinschaft), geschieht also genau im Kontext dieser Handlung. Der Gründonnerstag erneuert also den bleibenden Auftrag Jesu, immer wieder in Erinnerung an ihn unter dem Zeichen gemeinsamen Mahlhaltens die *Communio*, die Gemeinschaft mit ihm und untereinander zu feiern – und ausgerechnet dabei wird die Aufmerksamkeit auf die Füße gelenkt. – Vielleicht liegt der Grund dafür darin, dass es wirkliche *Communio* niemals gibt ohne Füße.

Denn was ist deren Hauptaufgabe und -zweck? – Gehen. Natürlich! Und Gehen kennt vor allem zwei Grundrichtungen: weggehen und zugehen. Gehen bedeutet einerseits immer ein Weggehen, ein Aufbrechen von einem bestimmten Standpunkt, andererseits ein Zugehen auf etwas, ein Ankommen bei etwas. Genau genommen ist aber immer nur das Weggehen, der Aufbruch sicher und garantiert; ob es das Ziel, auf das ich zugehe, ob es ein Ankommen wirklich gibt, dafür gibt es nie eine Garantie, das liegt immer im Bereich der Hoffnung. Um wirklich aufbrechen zu können, brauche ich deshalb immer ein gutes Maß an Vertrauen: Vertrauen darauf, dass es das verheißene und erhoffte Ziel tatsächlich gibt, oder zumindest Vertrauen darauf, dass ich in meiner Hoffnung nicht allein bleibe, dass also jemand bei mir ist und mit mir geht. Dieses Vertrauen heißt auch „Glauben", und seine Grundgebärde ist nach einem bereits früher zitierten Wort des Wiener Priesters Karl Strobl der Aufbruch. Ich möchte analog dazu ergänzen: „Die Grundgebärde der Hoffnung ist das Zugehen – auf etwas oder jemanden." – Beide Grundgebärden aber – das Aufbrechen und Weggehen einerseits und das Zugehen und Ankommen andererseits – genau diese beiden Richtungen und Dimensionen des Gehens sind jeweils Grundbedingungen für das, was den Getauften in der Feier des letzten Abendmahls als Vermächtnis aufgetragen ist: Gemeinschaft – Kommunion.

Gemeinschaft wird ja erst in dem Augenblick möglich, wo ich meinen eigenen Standort verlasse, wo ich also aufbreche: aus meiner Ichbezogenheit und Selbstgenügsamkeit, aus meinen sicheren Standpunkten und Gewissheiten – und wo ich auf jemanden zugehe, mit dem ich bislang noch keine selbstverständliche Gemeinschaft, keine *Communio* hatte: der andere Mensch, der – und sei er mir noch so vertraut – immer neu und anders ist als ich selbst. Die Grundgebärden des Glaubens und der Hoffnung – Weg- und Zugehen – bilden *zusammen* die Grundbedingung und – um bei diesem Begriff zu bleiben – die Grundgebärde der Gemeinschaft, die in ihrer innigsten Form Liebe heißt.

An den Auftrag Jesu dazu erinnert der Gründonnerstag in besonderer Weise. Und das Evangelium richtet den Blick dabei besonders auf die Füße – und tut das vielleicht nicht nur, um zu sagen: „Seht, wie tief sich Jesus zum Diener der Seinen macht!" Vielleicht will die Szene mit der Fußwaschung auch sagen: Achtet eure Füße! Liebt und pflegt sie, denn ihr braucht sie zu dem, was euch aufgetragen und als zentrales Vermächtnis hinterlassen ist: Brecht immer wieder von neuem auf und geht immer wieder von neuem aufeinander zu, damit immer wieder von neuem werden kann, was nicht einfach selbstverständlich da ist, sondern was eben immer wieder euer Bemühen, eure Aufmerksamkeit, euren Mut zum Aufbruch und zum aufeinander Zugehen erfordert: Gemeinschaft – *Communio*! Sorgt dafür, dass andere vielleicht einmal auch von euren Füßen sagen werden: „Schön sind die Füße des Boten, der Frieden, Freude und Gemeinschaft bringt!"

## *11a* ~ Gastfreundschaft

*Sommerzeit – Reisezeit. Alljährlich legen in dieser Zeit Millionen von Menschen Milliarden von Kilometern zurück. Viele suchen dabei in der Hauptsache Erholung und Entspannung, manche auch einen bewussten Tapetenwechsel; sie wollen Abstand gewinnen vom gewohnten Alltag oder geben einfach ihrem Fernweh nach, ihrer Neugier dem Fremden und Anderen gegenüber. – Bei allem technischen Fortschritt und professionellen Service, die das Reisen leichter, angenehmer und zeitsparender gemacht haben – die moderne Reisekultur muss das allerdings vielerorts mit einem großen Verlust bezahlen: mit dem weitgehenden Verlust echter, ursprünglicher Gastfreundschaft.*

*Niemandem ist daraus ein Vorwurf zu machen, am allerwenigsten den einheimischen Gastgebern an den massenhaft gebuchten Urlaubsdestinationen, deren wirtschaftliche Lebensgrundlage ja oft im Fremdenverkehr besteht. Es geht hier gar nicht anders, als die Beziehungen zwischen Gastgebern und Gästen klar, also auch ökonomisch zu regeln; das ursprüngliche, in vielen Kulturen heilige Gastrecht bildet dafür keinen ausreichenden Rahmen mehr. Gast und Gastgeber sind in der heutigen Reisekultur also vor allem zu Geschäftspartnern geworden und Gastfreundschaft häufig zum touristischen Marketing-Tool. Mit echter, authentischer Gastfreundschaft hat die geschäftstüchtige Freundlichkeit allzeit gut gelaunten und die zahlenden Gäste verwöhnenden Fremdenverkehrspersonals jedenfalls wenig zu tun. Denn echte Gastfreundschaft meint etwas anderes und mehr als eine bloße Höflichkeit fremden Besuchen gegenüber oder die professionelle*

*Geschäftigkeit, mit der versucht wird, diese zu „animieren" und rund um die Uhr bei fröhlich-lustiger Laune zu halten.*

*Echte Gastfreundschaft hat vielmehr etwas mit einem freien, ungeschuldeten Austausch zu tun. Der Gastfreund schenkt und teilt mit seinem Gast, was dieser zum Leben braucht: Nahrung und Obdach, in einem tieferen Sinn Zuwendung und Geborgenheit. Aber auch der Gast kommt nicht mit leeren Händen: Er bringt „die Welt" ins Haus seines Gastgebers, hat etwas zu erzählen, erweitert so dessen Horizonte und Perspektiven und bereichert auf diese Weise dessen Leben.*

*Es ist interessant, dass es nicht nur in archaischen Kulturen, sondern selbst in unserer hoch zivilisierten und technisierten Welt noch möglich ist, diese Tauschbeziehung der Gastfreundschaft, die nichts mit einem Geschäft im ökonomischen Sinn zu tun hat, zu erleben – zumindest dort, wo erstens der Fremde noch als solcher zu identifizieren ist, also in eher ländlichen Regionen, und wo zweitens der Fremdenverkehr nicht die Haupterwerbsquelle der Einheimischen darstellt, der Fremde also nicht Kunde, sondern wirklich noch Gast ist – und der Gastgeber nicht Dienstleister, sondern wirklich noch Gastfreund.*

## 11b ~ Gastrecht *(Mt 10,40-42)*

Die Tugend der Gastfreundschaft und das entsprechende Gastrecht gelten in vielen Kulturen seit alters her als heilig – heilig allerdings nicht nur im Sinne der Unantastbarkeit, der absoluten Geltung und Verpflichtung. Kulturgeschichte und Ethnologie bringen diesen strengen Verpflichtungscharakter des Gastrechts ja für gewöhnlich in Zusammenhang mit der extremen Gefährdung und Schutzbedürftigkeit des reisenden Fremdlings in den archaischen Kulturen. Solche Erklärungen greifen meiner Überzeugung nach zu kurz; die strenge Verpflichtung zu großzügiger Gastfreundschaft sowie die heilige Würde und Unantastbarkeit des Gastes haben vermutlich noch eine tiefere Wurzel: Es spiegelt sich darin ein urreligiöses Gespür dafür wider, dass der an der Tür erscheinende Fremde ein lebendiges Ebenbild Gottes darstellt, insofern er einen zentralen Wesenszug Gottes an sich trägt: Das Wesen des Fremden besteht ja in seinem Anders-Sein. Der Fremde gehört also nicht zum gewohnten Lebenskontext des Alltags; er hat nicht teil an den eingespielten Sitten, Bräuchen und Beziehungsgeflechten, in die man das eigene Leben sicher – oder zumindest vermeintlich sicher – eingebettet hat. Der Fremde sprengt und bricht den vertrauten Gesichtskreis auf; er stellt durch sein bloßes Anders-Sein das unhinterfragt Gültige des alltäglichen Lebens in Frage und eröffnet so neue Horizonte, neue Perspektiven und Lebensmöglichkeiten. Die Begegnung mit dem Fremden kann so zum Auslöser bzw. Impuls für lebendige Weiterentwicklung werden.

Hierin gründet wohl auch dic Ambivalenz der Gefühle, mit der allerorten Fremden begegnet wird; sie changieren zwischen skeptischer Zurückhaltung bis hin zu Misstrauen sowie Abwehr einerseits und freudiger Aufnahme bis hin zum Gastfest andererseits: Weil der Fremde durch sein bloßes Anders-Sein das Vertraute und Gewohnte des alltäglichen Lebens in Frage stellt, stellt die Begegnung mit ihm immer auch eine Quelle für Störungen und Herausforderungen dar; die Auseinandersetzung mit dem Fremden ist immer auch unbequem und provoziert deshalb Abwehrreaktionen. Zugleich aber durchbricht sie die Langeweile, das „Braten im eigenen Saft", die Gefahr auch geistig inzüchtiger Degeneration der eigenen Gesellschaft bzw. Kultur; sie ist deshalb nicht nur interessant und spannend, sondern letztlich auch lebensnotwendig.

Genau darin aber wird die Begegnung mit dem Fremden zum Gleichnis für die Begegnung mit Gott, zu dessen Wesen ja gerade das Anders-Sein gehört: Ein Gott, der das eigene Denken und Leben nur bestätigen und in sich ruhen lassen würde, ist bestenfalls eine religiöse Beruhigungspille und in der Diktion der klassischen Religionskritiker bloß eine Projektionsfläche menschlicher Wünsche. Oder wie Antoine de Saint-Exupéry es in seinem Fragment gebliebenen Monumentalwerk *„Stadt in der Wüste"* einmal drastisch formuliert hat: *„Ein Gott, der dem Gebet der Menschen gehorcht, ist kein Gott mehr."* – Nein, Gott ist immer anders, muss größer und weiter sein als die eigenen, stets beschränkten Lebensperspektiven, Ziele und Glücksvorstellungen; nur so kann er Quelle neuen, volleren Lebens sein.

Insbesondere im biblischen Kulturkreis erhält die gastfreundliche Begegnung mit dem Fremden deshalb eine Dimension, die weit über ihre moralische Qualität als „gutes Werk" hinausgeht – eine in ihrem Kern eben tief religiöse Dimension: Im gläubigen Judentum etwa ist die Praxis der Gastfreundschaft einerseits zwar tätige Erinnerung an jene Zeit, in der das Gottesvolk selbst Fremdling war in einem fremden Land; der heilige Akt der Beherbergung von Fremden wird so gleichsam zur dankbar-tätigen Antwort auf die Tatsache, dass Jahwe selbst sein Volk aus dem Fremdlingsdasein befreit und ihm Heimat gegeben hat. Andererseits ist das heilige Gastrecht aber immer auch Erinnerung daran, dass Jahwe selbst ein gleichsam obdachloser, weil nicht in Tempeln ansässiger Gott ist. Im Fremden begegnet dem Gastgeber also eine Spur Gottes.

Aus den Evangelien erfahren wir, dass auch Jesus in vielfältiger Weise auf die Erfahrung praktizierter Gastfreundschaft Bezug nimmt. Schließlich war er selbst Zeit seines öffentlichen Wirkens ein Wanderer und offenbarte gerade auch auf diese Weise etwas vom Wesenskern des biblischen Gottes. Sein Verständnis vom Gottesreich machte er häufig anschaulich im Bild des Festmahls, bei dem er selbst der Gastgeber, dann aber auch wieder Gast und sogar Gastmahl ist. Und schließlich machte er Gastfreundschaft überhaupt zu einem Maß der Christus-Jüngerschaft: Der als Gast aufgenommene Fremde wird dem Gastgeber nicht nur zum Nächsten, sondern im Gast ist Christus selber gegenwärtig. *„Wer euch aufnimmt, nimmt mich auf; und wer mich aufnimmt, nimmt den auf, der mich gesandt hat“*, bereitet Jesus seine Jünger auf ein unstetes Wandererleben im Dienst des Evangeliums vom Gottesreich vor. Hier schließt sich gleichsam ein Kreis, und wir stehen erneut vor dem Patriarchen des Ersten Bundes, vor Abraham, dem Urbild des glaubenden Menschen, der – er selbst ein ewiger Fremder – unter den Eichen von Mamre drei Fremden aufwartete, und dem sich in diesen Gästen Jahwe selbst offenbarte.

In dieser Tradition stehend breitete sich schließlich das Christentum selbst in seiner ungemein dynamischen Anfangszeit vor allem durch umher wandernde Missionare und durch die Gastfreundschaft aus, welche diesen zuteil wurde. Das muss heute immer noch Maßgabe bleiben, damit Christsein und Kirche lebendig bleiben können. Darum beschrieb das bislang jüngste Konzil die Kirche als pilgerndes Gottesvolk, das zum einen den Wesenszug des Fremden gegenüber seiner Mitwelt an sich trägt und zugleich auf deren Aufnahme und Gastfreundschaft angewiesen ist. Und gleichzeitig dürfen Christen sowohl als Einzelne als auch als kirchliche Gemeinschaften sich nie selbst genügen und verschließen gegenüber allem Fremden und Neuen, sondern müssen dem Fremden, Anderen und Neuen Türen und Fenster stets gastfreundlich offen halten: Denn wer einen Fremden aufnimmt, nimmt Christus auf; und wer Christus aufnimmt, nimmt den auf, der ihn gesandt hat.

Vor ein paar Jahren hat mir ein orthodoxer Pope, mit dem ich mich fast nur über Gebärden verständigen konnte, diesen Sinn in einer bewegenden Geste erschlossen: Ich war während eines mehrwöchigen Fußmarsches durch die selten bereisten Gebirge Nordgriechenlands in ein kleines, entlegenes Dorf gekommen. Es war Samstagabend, und die gastfreundlichen Männer auf dem Dorfplatz wiesen mir außer einer herzhaften Mahlzeit auch noch eine kleine Hütte für die Nacht zu – gleich neben der Kirche. Für den nächsten Morgen luden sie mich zur Sonntagsmesse ein und nach dieser wieder zum Frühschoppen ins Dorfwirtshaus. Auch ihr Pfarrer war da. Als ich mich der herzlichen Gastlichkeit dieses Dorfes zum Trotz schließlich doch zum Aufbruch rüstete und begann, mich zu verabschieden, winkte mir der Geistliche, ihm nochmals zur Kirche, in die Sakristei zu folgen. Dort segnete er mich und gab mir wortlos ein kleines Bündel mit auf den Weg. Ich habe sein Geschenk erst einige Kilometer später geöffnet: Es war ein kleiner, nach besonderem Brauch geschnittener Laib Weißbrot aus der kurz zuvor gefeierten Sonntagsliturgie. – Dieses Stück heiligen Brotes hat mir der orthodoxe Mitbruder mit auf den Weg gegeben – und wie anders sollte ich es verstehen denn als Erinnerung, als Symbol der heiligen Gastfreundschaft, in der Gott selbst gegenwärtig wird: in den Gastgebern, im fremden Gast, im gastfreundlich geteilten Brot.

Wer einen Fremden aufnimmt, nimmt also Gott auf. Darin besteht die Heiligkeit der Gastfreundschaft. Sie ist nicht nur moralische Tugend, in der sich Nächstenliebe erweist, sondern sie ist heilige Handlung, in der Gott selbst gegenwärtig wird: ein Sakrament. – Unnötig zu betonen, dass diese Heiligkeit an den Grenzen Europas derzeit auf das Schamloseste verletzt wird.

## 12a ~ Versuchung

*Das größte Geschenk und zugleich der stärkste „Feind" während einer großen Wanderung ist ein solide und behaglich eingerichtetes Quartier – am Ende gar noch gepaart mit herzlicher und aufrichtiger Gastfreundschaft der Quartiergeber. Natürlich gäbe es am Abend eines anstrengenden, der Hitze oder Kälte, dem Wind oder Regen ausgesetzten Tagesmarsches nichts Angenehmeres und Schöneres als die Aufnahme in eine solche Atmosphäre der Gastlichkeit – wenn sie nur nicht so sehr zum Dableiben und am Ende gar zur Beendigung des mühevollen Unterwegs-Seins verleitete! Die Behaglichkeit und Gastfreundschaft eines Hauses sind dem Wanderer gleichsam ein Sirenen-Gesang: wundervoll, beglückend und doch immer nur das verführerische Trugbild vom Ziel aller Sehnsucht, das zum vorzeitigen Abbruch eines Weges verführt.*

*Viele meinen, eine möglichst gut entwickelte gastronomische Infrastruktur entlang eines Weges wäre dem Wanderer eine wesentliche Erleichterung. Das gilt vielleicht für jene zwischenzeitlichen Geher, für welche das Wandern bestenfalls eine vorübergehende Urlaubsbeschäftigung, ein körperlicher und mentaler Ausgleich zur gewöhnlich bevorzugten sesshaften Lebensweise ist. Für den im Grunde seines Herzens ein Nomade gebliebenen Geher bleibt die Gastlichkeit eines Hauses – bei aller Wertschätzung für die Tugend der Gastfreundschaft – immer zugleich eine schillernde Verführung und eine ernste Herausforderung an die Treue zu seinem Weg.*

*Es mag seltsam klingen, aber je herzlicher und generöser mir auf meinen großen Wanderungen die Segnungen echter Gastfreundschaft angeboten wurden, umso zurückhaltender und bescheidener habe ich stets davon gekostet – zunächst gewiss aus einer Haltung geradezu ehrfürchtiger Dankbarkeit der Großzügigkeit meiner Gastgeber gegenüber. Wenn ich es mir ehrlich eingestehe, lag in meiner Scheu aber fast immer auch so etwas wie eine Vorsichtsmaßnahme, um den „sesshaften Schweinehund" in mir nicht zu wecken bzw. in Zaum zu halten und nicht unnötig zu reizen. Letztlich wollte ich doch immer auch gerne auf dem Weg bleiben und mir ebenso wie den lieb gewordenen Gastfreunden den Abschied und erneuten Aufbruch nicht unnötig schwer machen.*

*Auch das ist ein Grund, weshalb nicht das feste Haus, sondern das zwar leicht und zugleich solide ausgeführte, aber letztlich nur den nötigsten Schutz und Unterstand bietende Zelt die dem Wanderer angemessenste Bleibe ist.*

## 12b ~ (Un-)Heilige Orte *(Mk 9,2-7)*

Praktisch alle mir bekannten Religionen kennen so etwas wie heilige Orte bzw. Räume: Orte des Gebets und der Gottesbegegnung, der Feier von religiösen Zeremonien oder einfach des Ausdrucks religiöser Gefühle und Haltungen. Die großartigsten und faszinierendsten Zeugnisse der gesamten Architekturgeschichte tragen fast immer religiösen Charakter: als Wohnungen Gottes oder der Seelen von Ahnen, als Räume des konzentrierten Ausdrucks oder Vollzugs einer Glaubenshaltung oder der Zusammenkunft von durch gemeinsamen Glauben konstituierten Gemeinschaften.

Auch die biblischen Religionen haben immer wieder heilige Orte ausgezeichnet und durch hervorstechende Architekturformen markiert – und stehen doch immer in einer gewissen Spannung dazu. Immerhin ist der Gott der Bibel ursprünglich ein Gott von Nomadenstämmen, ist die Sesshaftigkeit und Bindung an feste Orte dem biblischen Glauben heute mithin ebenso wesensfremd wie seinen ersten Anhängern. Gerade das – nämlich die Nicht-Festlegbarkeit biblischer Religiosität auf bestimmte bevorzugte Orte – gilt es immer wieder zu erinnern und stellt eine dauernde Herausforderung für die betroffenen Religionsgemeinschaften dar.

Als passioniertem Bergsteiger geht mir in diesem Zusammenhang die biblische Erzählung von Jesu Verklärung auf dem Berg Tabor immer besonders nahe. Mein Mitgefühl gehört dabei zunächst dem Petrus, der von dem ihm zuteil werdenden Gipfelerlebnis offenbar so überwältigt ist, dass er am liebsten oben bleiben und ein paar Hütten bauen will. Das gibt es ja tatsächlich: Berggipfel, die so schön sind, so sonnenüberflutet und ein so idealer Aussichts- und Rastplatz, dass man am liebsten oben bleiben möchte. Das macht diese Gipfel aber auch gefährlich: Als erfahrener Alpinist weiß ich, dass ein Berggipfel kein Wohnraum ist; Wassermangel und Ausgesetztheit verwehren einen dauernden Aufenthalt. Ich weiß aber eben auch um die mächtige Versuchung, dort zu bleiben, wo eigentlich keines Bleibens ist.

Dementsprechend merkt der Evangelist selbst gleich die Unsinnigkeit von Petrus' Plan an: Er unterstellt dem Apostel, vor lauter Begeisterung offenbar nicht zu wissen, was er da eigentlich sagte. Und die Worte „Das ist mein geliebter Sohn; auf ihn sollt ihr hören“ der Stimme aus der Wolke, klingen in meinen Ohren deshalb wie ein Rüffel: „Lass den Blödsinn! Auf Jesus sollst du hören!“ – Freilich, man darf annehmen, dass es dem Evangelisten nicht um die Vermittlung der alpinistischen Weisheit geht, dass auf Berggipfeln eben nicht gut bleiben ist. Aber er will vielleicht etwas ähnliches sagen: Es gibt Augenblicke und Räume der intensiven Gottesbegegnung und Gotteserfahrung. Aber es gibt kein Festhalten solcher Augenblicke und kein Verharren an solchen Orten. Gott ist immer größer als jedes menschliche Begreifen, die Begegnung mit Ihm deshalb stets vorläufig, flüchtig, fragmentarisch. Jeder Versuch, die Begegnung mit Gott an bestimmte Zeiten und Orte zu binden, ist deshalb zum Scheitern verurteilt. Auch ein dauerndes Wohnen in Gott gibt es für den Menschen deshalb nicht – wenigstens noch nicht.

Von dieser Warte aus muss das Konzept religiöser Räume oder gar die Vorstellung „heiliger“ Orte geradezu zu einem Widerspruch, wenigstens zu einer Differenzierung herausfordern: Kann es so etwas wie spezielle Habitate des Glaubens und der Gottesbegegnung überhaupt geben? – Nun, jedenfalls nicht im Sinne von Orten *garantierter* Gottesbegegnung und -gegenwart. *„Ein heiliger Raum ist überall, wo Gott den Menschen begegnet“*, schrieb der frühere Linzer Bischof Maximilian Aichern einmal in einem Hirtenbrief. Gerade dieses „Überall“ aber ist eben nicht festzulegen auf bestimmte Orte bzw. Kontexte. Gewiss, gerade die Christenheit verfügt über einen gewaltigen, geschichtlich gewachsenen Schatz an sakralen Orten und Bauwerken bis hin zu bevorzugten Wallfahrts- und Pilgerstätten. Von „Gnadenorten“ ist in diesem Zusammenhang oft die Rede, und man meint damit „Orte der besonderen Nähe und Gegenwart Gottes“. Aber Vorsicht! Was diese Kirchen und Stätten zu „heiligen Orten“ macht, ist nicht etwa ihre künstlerische Qualität, welche die religiöse Sensibilität und Stimmung besonders anzusprechen und zu heben vermag. Es sind auch nicht irgendwelche Kraftfelder, wie die Esoterik zu wissen vorgibt, und es sind auch nicht etwa Heiligenbilder oder -gräber, die diesen Orten eine besondere Gnade verleihen. Nein, man muss sogar gehörig aufpassen, Kirchen und Wallfahrtsstätten nicht gerade auf diesem Wege zu unheiligen Orten des Aberglaubens zu pervertieren! Wenn diesen Orten eine Heiligkeit bzw. Heilsamkeit innewohnt, dann höchstens dadurch, dass sie immer wieder Menschen zum Aufbruch veranlassen, zum Verlassen ihrer Privatwohnungen, ihrer Behaglichkeit und vertrauten Gewohn- und Gewissheiten und zum stets neuen Suchen nach der Begegnung mit Gott. Das beginnt schon beim sonntäglichen Kirchgang mit dem Verlassen der eigenen Wohnung, obwohl man einen Gottesdienst genauso gut via Radio, Fernsehen oder Internet mitfeiern (oder wenigstens „mitbekommen“) könnte – und geht bis zur wochenlangen Pilgerreise zu

Fuß, die gerade in den letzten Jahren wiederentdeckt zu werden scheint.

Heilige sind Menschen, die etwas von der Wirklichkeit Gottes erahnen und durchscheinen lassen – niemals vollkommen, sondern stets in menschlicher Gebrochenheit. Auch Sakralräume sind also „heilig“ nur in diesem gebrochenen, unvollkommenen Sinn: nicht als „Orte“ selbst und schon gar nicht als Aufenthaltsstätten, sondern indem sie zum Aufbruch und Standortwechsel motivieren.

Wenn es also etwas zu sagen hat, dass das geplante Berghüttenprojekt des Apostels Petrus auf dem Berg Tabor keine Genehmigung fand, weil die Begegnung mit Gott kein Bleiben und keinen dauernden Aufenthalt gewährt, sondern immer wieder zum Aufbruch ruft, dann liegt ausgerechnet in den schönsten und monumentalsten Kirchen der Christenheit auch immer ein gefährliches Moment der Täuschung. Und streng genommen sollten sie bestenfalls Zelte, niemals aber Jahrhunderte überdauernde Bauwerke sein.

Diese Spannung scheint auch Ottokar Uhl, einen der bedeutendsten österreichischen Architekten der jüngeren Vergangenheit, beschäftigt und bewegt zu haben. Uhls Bedeutung für den modernen Kirchenbau liegt darin, dass er sich gerade dieser unaufhebbaren Problematik jedes festen Kirchenbaus genau bewusst war und deshalb das Konzept einer „demontablen“ bzw. „portablen“ Kirche entwickelt hat: Nicht nur die Kirche als geistige Einheit, sondern auch das Bauwerk Kirche sollte *„mit dem Menschen wachsen, wandern und vergehen können“*. Dieses faszinierende Konzept Ottokar Uhls wurde freilich nur in Einzelfällen und annäherungsweise baulich realisiert, und man wird aus vielerlei Gründen wohl oder übel auf Dauer damit leben müssen, dass christliche Kirchen immer heilige und unheilige Orte zugleich sind: Unheilig, weil sie als feste, zumal oft wunderschöne und erhaltenswerte Bauwerke nur allzu leicht der Illusion Vorschub leisten, Gott wohne an bestimmten Orten und die Begegnung mit Ihm ließe sich an solchen Orten gleichsam festschreiben und institutionalisieren. Heilig aber bleiben sie gleichsam als Mahnmale, als Habitate der Erinnerung: der Erinnerung daran, *dass* es in dieser Welt Raum für die Begegnung mit Gott gibt, dass dieser Raum stets von Neuem zu suchen und dass er auch zu finden ist – sofern Menschen bereit sind, allein oder gemeinsam aufzubrechen aus der ihnen vertrauten, sicheren und gewohnten Umgebung und sich auf das einzulassen, was jenseits ihrer vermeintlich festen Lebensräume liegt.

# 13a ~ Gastfeindschaft

*„Fahrendes Gesindel", „Zigeuner", „Herumstreuner", „Pülcher" … – solche wenig schmeichelhaften Bezeichnungen legen Zeugnis davon ab, dass unstet umherziehenden Menschen immer auch mit Argwohn und Misstrauen begegnet wird – seitens der Sesshaften und fest Etablierten. Tatsächlich habe ich neben wunderbaren Zeichen der Gastfreundschaft auch das erlebt auf meinen zahlreichen Wanderungen: dass man mir schon von weitem unmissverständlich anzeigte, ich möge nur ja einen weiten Bogen um das Haus herum machen. Manchmal verschwanden umher stehende Menschen schon bei meinem bloßen Herannahen und versperrten das Hoftor oder zeigten mir auf meinen Gruß hin wenigstens demonstrativ den Rücken. Es gibt offenbar noch immer eine Grundangst des Sesshaften vor dem Nomaden.*

*Ich kann das gut verstehen. Denn zumindest der freiwillig umherziehende Wanderer stellt schon durch seine bloße Existenz das Leben des Sesshaften in Frage – und alles, was diesem heilig ist: die Bindung an Haus und Besitz, die vielen Dinge, mit deren Hilfe er sich sein Leben praktisch und behaglich eingerichtet hat, für die er aber auch viele Opfer bringt. Es beunruhigt den Sesshaften, dass der Wanderer davon offenbar nur einen Bruchteil benötigt, den er kompakt in seinem „Schneckenhaus", dem Rucksack, mit sich führt: eine Garnitur Wechselwäsche, ein wenig Mundvorrat, einen Überwurf oder Schlafsack, allenfalls noch ein Zelt. Der Nomade stellt der Kultur des Sesshaften einen alternativen – sehr bescheidenen, aber auch wenig belastenden, leichten – Lebensentwurf entgegen, der sich am Notwendigen orientiert – und das ist wenig. Einer Kultur des festen Besitzes an Boden und Gütern, zumal einer Kultur, in der Reichtum, Sicherheit, klare Ordnungen, aber auch Komfort und Gemütlichkeit hohe Werte darstellen – einer solchen Kultur muss die Existenzweise des Wanderers deshalb als subversiv gelten: Der Wanderer unterwandert sozusagen alle vermeintlichen Sicherheiten und stabilen Ordnungen, alle fest in Recht und Tradition verankerten Verhältnisse.*

*Manchmal frage ich mich deshalb, ob die Amtsträger meiner Kirche wirklich froh sind über den aktuellen Pilger-Boom, und ob sie wirklich wollen, was sie da zuweilen sogar noch fördern? Aber grundsätzlich müssen sich alle kirchlichen Gemeinschaften – (Pfarr-)Gemeinden und religiöse Gruppierungen, Orden, kirchliche Organisationen und Einrichtungen – immer wieder diese kritische Frage stellen: Wollen sie wirklich sein, was kirchliche Dokumente ihnen zuschreiben: ein pilgerndes Gottesvolk auf Erden?*

## 13b ~ (Sand-)Burgen *(Mt 7,24-27)*

Da ist dieses biblische Gleichnis von den beiden Bauherrn: dem einen, der auf Fels, und dem anderen, der auf Sand baut. Worin unterscheiden sie sich wirklich im Vergleich, den Jesus zieht? – Der auf Fels Bauende, so heißt es, gleicht einem, der Jesu Worte hört und danach handelt; der hingegen, der diese Worte ebenso hört, dann aber nicht danach handelt, ist eher ein Sandburgen-Bauer. Im griechischen Original-Text klingt diese Unterscheidung noch prägnanter: Da heißt es nicht „[nicht] nach meinen Worten handeln“, sondern es heißt kurz und bündig „meine Worte [nicht] tun“. Daraus klingt eine unerhörte Geradlinigkeit und Unmittelbarkeit – noch direkter als die deutsche Wendung „ein Wort in die Tat umsetzen“. Noch direkter: „Ein Wort *tun*“!

Das lässt praktisch keinen Zwischenraum mehr zwischen dem Hören des Wortes und seiner Befolgung. Ja, es meint überhaupt noch mehr als das bloße Befolgen und Umsetzen eines Wortes. Es meint: sich das Wort eines Anderen *zu eigen* machen – so sehr, dass es des gesprochenen und gehörten Wortes eigentlich gar nicht mehr bedarf. Es meint: den Gehalt des Wortes, seine Botschaft nicht bloß widerspiegeln, sondern schlichtweg tun – als wär’s der eigene Wille.

Irgendwie stößt hier die Ausdruckskraft unserer Sprache an eine Grenze. Und als gelernter Österreicher tut man sich da vielleicht besonders hart – als Mitglied einer Gesellschaft, für die – wie es ein Kabarettist einmal treffend formuliert hat – der Konjunktiv schon die ganze Wirklichkeitsform ist: Wie oft und wie gerne wird doch gesagt: „man müsste eigentlich ...“ und „man sollte ja eigentlich schon ...“, und „ich täte ja ...“ und „wenn ich was zu sagen hätte ...“! Wie oft und wie gerne werden solche Reden geführt und wähnt man sich dabei schon auf der richtigen Seite; und dass die Welt dann doch nicht so ist, wie man es für richtig hielte – das liegt dann jedenfalls nicht mehr an einem selbst: „Man täte ja eigentlich eh wollen ...“

Was Jesus mit seinem Gleichnis von den beiden Bauherrn am Ende seiner großen Bergpredigt jedenfalls anspricht, ist der Bedeutungsgehalt dessen, was Glauben und Gottesherrschaft eigentlich meinen: Glauben ist noch unvergleichlich mehr als die bloße Zustimmung zu einem Wort, zu einer Rede, einer Lehre oder Theorie. Nein – Glaube ist Praxis, ist unmittelbar gelebte Tat. Und Gottesherrschaft, Reich Gottes meint mehr als die bloße Befolgung und Ausführung göttlicher Gebote und Anweisungen. Solange nämlich jemand ein Wort oder eine Anweisung nur befolgt, ist das Wort noch nicht sein eigenes, ist der zu geschehende Wille noch der Wille eines Anderen. Glauben aber heißt eben nicht, zu etwas Fremdem, zu etwas von außen Kommendem zustimmen und es befolgen, sondern heißt, es tun – so sehr, dass der eigene Wille eins geworden ist mit dem Willen eines Anderen: mit Gottes Willen.

Wer aber könnte das schon von sich sagen, ohne dass es eine ungeheuerliche Anmaßung wäre? Wer könnte von sich behaupten, dass er den Willen Gottes tue – ganz, ohne Abstriche? Wer könnte allen Ernstes sagen, dass sein eigener Wille mit dem Willen Gottes eins sei? Und es nur zu sagen und von sich zu behaupten, wäre schon wieder bloße Theorie: bloßer Sand und also ein gefährliches Fundament.

Und so sind wir – wenn man es sich ehrlich und bescheiden eingesteht! – allesamt doch eigentlich nur Sandburgen-Bauer; und wir sollten uns deshalb nicht zu sicher fühlen in den Häusern, die wir uns fest und beständig errichtet haben – auch nicht in unseren Kirchen; auch nicht in der Kirch*e*. Die dem pilgernden Gottesvolk angemessene Behausung wäre demnach doch immer noch das Zelt. Da kann dann nicht so viel passieren, wenn die Stürme und Niederschläge der Zeiten es wieder einmal hinwegfegen. Dann heißt es eben wieder: weiter ziehen – und erneut nur vorläufige Behausungen errichten. Je scheinbar mächtiger und felsenfester aber unsere Kirchen – eigentlich: unsere Kirch*e*! – errichtet werden bzw. wird, desto eher muss damit gerechnet werden, dass Menschen bei ihrem Einsturz erschlagen werden. Damit aber *ist* zu rechnen! Denn die konkrete Kirche – da kann Petrus noch so oft „Fels" heißen – ist immer nur auf Sand gebaut! Und sie sollte deshalb eher leicht und beweglich wie ein Zelt sein – um der Menschen willen: auch aus Sicherheitsgründen!

# 14a ~ Gastgeschenk

*Weltweite Migration – Wanderung – ist zu einer der großen sozialen Herausforderungen der Gegenwart geworden. Millionen von Menschen verlassen ihre angestammte Heimat und begeben sich in die Fremde, um dort ein neues, sichereres, an Zukunftsperspektiven reicheres Leben zu suchen. In den allermeisten Fällen gehen sie nicht freiwillig, sondern getrieben durch materielle Not, soziale Ausgrenzung und Ungerechtigkeit, politische Verfolgung bzw. Unsicherheit. Die Wanderungsbewegungen selbst wären an sich noch nicht das Problem; sie wurden und werden dazu immer erst durch die Konfrontation mit angestammten Populationen: Diese empfinden die Fremden als bedrohliche Konkurrenz – nicht nur auf den immer enger werdenden Arbeitsmärkten oder im Ringen um soziale Sicherheit und Aufstiegschancen. Mindestens ebenso stark wird das Fremde selbst, das die Zuwandernden mit sich bringen und verkörpern, als bedrohlich empfunden: als Infragestellung der eigenen Kultur und Tradition, als Verunsicherung hinsichtlich der gewohnten Denk- und Verhaltensmuster, mit denen man ein wenig Ordnung und Berechenbarkeit in die Komplexität der Wirklichkeit zu bringen versucht, als Auslöser grundsätzlicher (und deshalb immer auch verunsichernder) Fragen nach Lebenssinn und -glück, nach richtigem und gerechtem Verhalten bzw. Verhältnissen, nach gutem Leben, nach Gott. Es bedrückt mich immer wieder, dass die Begegnung mit dem Fremden nicht häufiger als Chance und Geschenk empfunden wird.*

*Meine Wanderungen haben es mir ja immer wieder auch selbst ermöglicht, mich als Fremden erfahren zu dürfen. Nicht dass ich mir selbst fremd geworden wäre – das keineswegs! Im Gegenteil: Das Leben in der Fremde lässt einen oft die eigenen kulturellen, sozialen und persönlichen Wurzeln und Eigenheiten noch deutlicher wahrnehmen, zuweilen überhaupt erst erkennen und bewusst annehmen. Aber ich war oft ein Fremder in den Landen, die ich durchwanderte, und habe dabei zweierlei erfahren: Abschottung, Misstrauen, Ablehnung als negative Form der „Aufnahme" ebenso wie deren positive Wendung in Form offenen Interesses und ehrlicher Neugierde bzw. Wiss- und Lernbegierde. Oft habe ich also erleben dürfen, dass nicht nur ich beschenkt wurde durch großzügige Gastfreundschaft, sondern sich auch meine Gastgeber beschenkt fühlten durch das, was ich als „Gegengabe" mit mir führte an für sie neuen Sichtweisen und Perspektiven. Und zuweilen waren es auch nur meine einfachen Fragen nach für sie vielleicht allzu selbstverständlich gewordenen Gebräuchen und Alltagsdingen, die sie selbst erneut darüber nachdenken und dabei auf Sinnzusammenhänge stoßen ließen, die zwar auch zuvor schon gegolten hatten, aber auch für sie bislang unbewusst und verborgen geblieben waren.*

## 14b ~ Krisenlösung *(Lk 24,13-35)*

Emmaus-Gang. Da sind zwei Menschen, deren Leben eine dramatische Wendung genommen hat: Alles, worauf sie für ihr Leben gehofft und gesetzt hatten, ist vernichtet worden. Alles, wovon sie sich eine neue und bessere Zukunft versprochen hatten, ist wie eine Spekulationsblase zerplatzt. Ihr Leben ist in eine Krise geraten. Und nun gehen sie weg – weg vom Ort ihrer kühnen Träume, aber auch vom Ort jener Katastrophe, die diese Träume zerstört hat. Das gleicht einer hilflosen Flucht. Der Weg nach Emmaus führt jedenfalls noch nicht aus der Krise und über sie hinaus.

Immerhin: Die Beiden igeln sich nicht ein – jeder für sich in seiner Krisenstimmung. Kein dumpfes „Scheuklappen auf und durch!"; kein trotziges „Jeder ist sich selbst der Nächste und muss jetzt selbst schauen, wo er bleibt." – Nein, sie reden miteinander, tauschen ihre Gedanken aus, teilen sich einander mit. Das ist schon etwas. Aber trotzdem treten sie dabei noch auf der Stelle. Was sie wenig später diesem rätselhaften Fremden erzählen werden, der sich ihnen zugesellt – das macht deutlich: Sehr viel weiter als bis zu einem bloßen Nacherzählen des Geschehenen kommen sie nicht; es bleibt bei einem Zusammentragen, Ordnen und Analysieren der ihnen bislang zugänglichen Fakten. Schlüsse oder gar Konsequenzen daraus zu ziehen, vermögen oder wagen sie nicht. Ihre Perspektive reicht also für eine geordnete Nacherzählung und Erklärung der Krise; überwinden können sie sie dadurch nicht. Denn ihr Denken und Fühlen haftet immer noch am Vergangenen; es bleibt gebunden an die Macht des Faktischen und an herkömmliche Deutungsmuster. Diese liegen immer noch wie ein Nebel über ihrem Weg: keine Chance auf Orientierung und Neuausrichtung; nur Weitertappen auf vertrautem, ausgetretenem Pfad. – Damit ihr gemeinsamer Weg „durch die Krise hindurch" zu einem Weg „aus der Krise und über sie hinaus" werden kann – dazu muss im wahren Sinn des Wortes noch etwas hinzukommen: etwas Neues; etwas, das sich nicht im Bann des Geschehenen verfängt, sondern neue Horizonte auftut:

Ein *Fremder* gesellt sich den beiden Wanderern zu. Im ersten Moment wirkt er seltsam ahnungslos. Aber das muss eine Täuschung sein. Denn unmittelbar nach dem Krisenbericht der beiden Weggefährten beginnt er mit überraschender Klarheit und Überzeugungskraft, das Vorgefallene in einem ganz neuen Licht zu deuten. Und eigentlich sind es bereits seine anfänglich gestellten und geradezu banal wirkenden Fragen, welche diese neue Perspektive anstoßen: „Worüber redet ihr da eigentlich auf eurem Weg? Was ist denn wirklich vorgefallen?" – Diese simplen Fragen fordern dazu heraus, nochmals ganz von vorne zu beginnen und alles neu zu buchstabieren – selbst das vermeintlich und vielleicht allzu Selbstverständliche; selbst das noch niemals kritisch Hinterfragte.

Genau so wird der Boden bereitet für eine neue Sicht der Dinge, für das Offenbar-Werden von bislang Verborgenem und für das Erkennen neuer Wege! Am Ende wird es den beiden Wanderern nach Emmaus wie Schuppen von den Augen fallen und sie erneut auf einen Weg führen: Und dieses Mal wird es kein trauriger Weg sein, der von der Krise wegführen möchte und ihr dabei dennoch stets verhaftet bleibt. Nein, der neuerliche Weg zurück nach Jerusalem – zurück und mitten hinein sogar an den Ort der Katastrophe und des vermeintlichen Scheiterns! – dieser Rückweg nach Jerusalem wird zum Weg, der die Krise im Prinzip bereits überwunden hat, weil die Begegnung und Auseinandersetzung mit dem Fremden und seiner neuen Perspektive klar gemacht hat: Was da in der Katastrophe von Jerusalem vermeintlich vernichtet und verloren worden war – das ist gar nicht verloren und tot. Der Grund ihrer Hoffnung lebt weiter – auf völlig andere Weise zwar als erwartet und erträumt, aber stärker und überzeugender denn je zuvor.

Sich in einer Krise also nicht einigeln und isolieren; vielmehr miteinander ins Gespräch treten und den offenen Dialog suchen; vor allem aber: dem scheinbar Selbstverständlichen seine Selbstverständlichkeit verweigern und es neu buchstabieren; das noch niemals Hinterfragte bewusst in den Blick nehmen, es kritisch auf seinen Sinn und seine Berechtigung hin befragen und sich davon lösen, wo es dieser Prüfung nicht standhält; und schließlich neue Perspektiven zulassen; nicht krampfhaft alles Bisherige festhalten, sondern sich echten Alternativen öffnen und das bislang Undenkbare für möglich halten: Nur so können neue Wege gefunden und Krisen nachhaltig überwunden werden.

Ob es sich nun um persönliche Lebenskrisen handelt oder um Katastrophen wie den atomaren Super-GAU von Fukushima, die ja in Wahrheit auch nur tiefere Krisen freilegen; ob es sich um die systembedingt wiederkehrenden Krisen der aktuellen globalen Finanz- und Wirtschaftsordnung handelt, um jene der demokratischen Systeme oder um die fundamentale Krise meiner eigenen Kirche: Nachhaltige, zukunftsfähige Wege heraus aus diesen Krisen finden sich nicht, solange die in Anschlag gebrachten Gegenmaßnahmen und Sanierungsversuche selbst den Systemen, also den alten Handlungs- und Denkmustern entstammen und verhaftet bleiben, die da in die Krise geraten sind. – Nein, Krisen werden nur dort wirklich überwunden, wo ihre systemischen Wurzeln selbst angegangen und durch neue Handlungsweisen ersetzt werden. Dazu aber braucht es einen unverstellten Blick aufs Ganze, Infragestellungen ohne Tabus und den Mut zur Neuformulierung von konkreten Zielen.

Wahrhaft österlich wurde der Weg der beiden Emmaus-Jünger erst in dem Moment, in dem sie es wagten, sich einzulassen auf ein neues Sehen, Urteilen und Handeln und – damit ausgerüstet – den Ort und Kern ihrer Krise erneut aufzusuchen und anzugehen.

## 15a ~ Ich-Stärke

*Wie Fremden begegnet wird, habe ich auf meinen Fußreisen also sehr unterschiedlich erfahren; die Palette reicht von offener Neugierde und Hilfsbereitschaft bis zu extremen Formen der Scheu und schier unüberwindlichem Misstrauen. Besonders auf meinen zahlreichen Wanderungen durch ehemals jenseits des Eisernen Vorhangs gelegene Länder ist mir letzteres oft widerfahren, am massivsten in Polen: Nirgendwo sonst in der Welt habe ich bislang erlebt, dass Einheimische – selbst auf freiem Feld! – sich grußlos an mir vorbei gedrückt und erst auf meinen Gruß hin hastig und unklar zurückgebrummt haben. Meine Nachforschungen über die Ursache dieses irritierenden Benehmens haben meine Vermutungen bestätigt: ein tief verankertes Misstrauen dem Unbekannten gegenüber – über Jahrzehnte hindurch gesät und eingepflanzt durch ein menschenverachtendes politisches System, in dem kein Mensch einem anderen offen und vertrauensvoll begegnen konnte, zuweilen nicht einmal innerhalb von Nachbarschaften und Familien. Der Andere hätte ja ein Spitzel und Kollaborateur sein können, mithin ein Feind: besser also nichts mit ihm zu tun bekommen; besser ausweichen; besser überhaupt ignorieren – also auch nicht grüßen.*

*Mehrere mit Einheimischen darüber geführte Gespräche haben mich aber auf noch eine andere Fährte geführt: Die Verschlossenheit gegenüber Fremden, so haben meine Gesprächspartner selbst gemutmaßt, sei auch Ausdruck eines schwach ausgeprägten Selbstbewusstseins bei Einzelpersonen und – im Falle der allgemein verbreiteten Scheu Fremden gegenüber – wohl auch Aus-*

*druck einer aufgrund entsprechender historischer Erfahrungen tief verankerten Verunsicherung hinsichtlich der eigenen kulturellen Identität. Man erachte sich selbst bzw. die eigene Kultur als zu schwach und unterlegen in der Begegnung mit anderen und gehe ihr deshalb lieber von vornherein aus dem Weg bzw. stehe Fremden überhaupt feindselig gegenüber: Wer setzt sich schon freiwillig einem Vergleich aus, dessen Ergebnis zu eigenen Ungunsten ausfallen könnte? Fremdenfeindlichkeit bzw. Fremdenangst sind demnach eigentlich gegen ihre eigenen Subjekte gerichtet und stehen für die Unfähigkeit, sich selbst bzw. die eigene Kultur uneingeschränkt zu bejahen und wertzuschätzen; stattdessen wird der eigenen Identität misstraut und zu ihrer fragwürdigen Absicherung alles Fremde abgewertet bzw. gemieden.*

*Ich habe auf meinen Reisen freilich auch gegenteilige Erlebnisse gesammelt und möchte beispielhaft von einer eindrucksvollen Begegnung während einer meiner Wüsten-Fahrten erzählen: Mitten in der mauretanischen Sahara mussten wir mit unserer Kleinexpedition an einem der dort wie üblich martialisch bewaffneten Polizeiposten anhalten und wurden peinlich genau kontrolliert. Der Dienst habende Offizier fragte nach allen möglichen Dingen, die ihn gerade interessierten, schließlich auch nach unseren Berufen. Als vier von uns fünf – der strengen islamischen Verfassung und zum Teil auch radikal islamistischer Zustände des Gastlandes eingedenk und deshalb nicht ohne Bange – angaben, wir seien christliche Theologen, kam eine überraschende Bewegung in die Szene: Die finstere Miene des Offiziers hellte sich auf, er nahm Haltung an und verbeugte sich leicht. Dann erklärte er, er sei zwar Moslem und stolz darauf; aber es sei ihm jedenfalls eine Ehre, Männer als Gäste willkommen heißen zu dürfen, die nach Gott forschten und das sogar zu ihrem Lebensberuf gemacht hätten –*

*selbst wenn sie einer anderen Religion angehörten. Wenige Augenblicke später saßen wir in der kaum mehr als dürftig eingerichteten Polizeibaracke und waren Ehrengäste einer ausgedehnten arabischen Teezeremonie: Wir waren sogar in unserem Expeditionsgepäck besser mit Geschirr und anderem Gerät ausgestattet als der Offizier; wir kamen aus einer für seine Begriffe unermesslich reichen und in vielerlei Dingen weit überlegenen Zivilisation; und wir waren nicht desselben Glaubens mit ihm, dem – wie er uns wiederholt versicherte – überzeugten und tief gläubigen Moslem. Aber nie werde ich das souveräne, jeder Berechnung oder Servilität bare Selbstbewusstsein vergessen, mit dem er uns ein beeindruckendes Zeugnis arabischer Gastfreundschaft gab und uns aufwartete. Der Mann wusste, wer er war; und das erlaubte es ihm, uns offen, mit edlem, keineswegs eitlem Stolz und ohne Scheu oder gar Scham zu begegnen – uns: den überlegen Reichen, den Gelehrten einer anderen, älteren Religion, den Fremden und Angehörigen einer machtpolitisch bislang erfolgreicheren Kultur.*

## 15b ~ Ich-Schwäche *(Mk 9,38-41)*

Orientierung am biblischen Fundament steht jeder christlichen Kirche gut an. Die römisch-katholische Spielart mit ihrer Verliebtheit in später entstandene Traditionen zählt in dieser Hinsicht ja nicht unbedingt zur Avantgarde. Leider! In einem Punkt scheinen manche der bischöflichen Glaubenshüter meiner Kirche es allerdings allzu genau zu nehmen mit dem biblischen Beispiel ihrer apostolischen Vorläufer: Das Evangelium berichtet nämlich an einer Stelle vom Unwillen der Apostel gegen einen Unbekannten, der im Namen Jesu Gutes tut, ohne dabei anerkannter Maßen und ausdrücklich zum eigentlichen Jüngerkreis Jesu zu gehören. Die Szene spiegelt offenbar ein seit den Uranfängen der Kirche bekanntes Problem wider: Wer darf im Namen Jesu auftreten und handeln, wer sich auf ihn berufen, wer das kostbare Erbe des Evangeliums vom Gottesreich verwalten? Positiv gedeutet geht es dabei um aufrichtige Sorge für die Rein(er)haltung dieses Erbes und seine unverfälschte Weitergabe über die Generationen hinweg. Kirchenkritiker interpretieren diese Sorge freilich etwas unschöner: Es ginge demnach mehr um eifersüchtige Kontrolle, um Besitzansprüche, letztlich um Macht; die Apostel und ihre bischöflichen Nachfolger als Verwalter des Erbes begriffen ihr Amt nicht als Dienst, sondern als klerikale Herrschaft. – Wer würde sich gegen diese Deutung wirklich reinsten Gewissens in die Bresche werfen? Immerhin ist „Hierarchie“ – wörtlich „heilige Herrschaft“ – ein zentrales Element römisch-katholischer Kirchenstruktur, mag deren oberster Repräsentant sich noch so demutsschwanger als „*servus servorum Dei*“ – „Diener der Diener Gottes“ – titulieren.

Eine den besorgten Aposteln des Evangeliums ganz ähnliche Haltung und ähnlich schillernde Motive sprechen jedenfalls aus manchen Verlautbarungen des kirchlichen Lehramtes vor allem in Hinblick auf das ökumenische Zu- und Miteinander der einzelnen christlichen Konfessionen. Nehmen wir etwa das vor einigen Jahren von der römischen Glaubenskongregation veröffentlichte Dokument „Dominus Iesus", das seinerzeit weltweit viele, vor allem die um ökumenische Verständigung und Versöhnung bemühten Christen tief verstört und zum Teil auch verletzt hat: Was hilft es da, im Nachhinein zu beteuern, dass die eigentliche Stoßrichtung dieses Dokuments dem fragwürdigen Relativismus einer postmodern-pluralistischen Religionstheologie galt? Wortwahl, Sprachstil und die im Dokument vor allem auf die protestantischen Kirchen hin ausgesprochene Aberkennung ihrer Kirchlichkeit im Vollsinn des Wortes – das alles erinnert doch stark an jenen ausgrenzenden apostolischen Übereifer, von dem das Evangelium spricht und dabei doch ziemlich unverblümt zu verstehen gibt, dass den Aposteln beileibe nicht in allen Dingen zu folgen ist.

Denn die Antwort Jesu auf das Problem der Apostel ist ja eine ziemlich deutliche Absage an deren engherzige Haltung – mag diese nun in positiver Sorge, in kleinkrämerischer Ängstlichkeit oder gar in verschrobener Machtverliebtheit gründen. Jesu Wort *„Wer nicht gegen uns ist, der ist für uns"* ist dagegen einfach entwaffnend; letztlich spricht ein beeindruckendes Selbstbewusstsein daraus. Wer sich seiner Sache so sicher ist wie Jesus an dieser Stelle, braucht sich nicht ängstlich zu sorgen um Originalität und Reinheit des Eigenen. Wer sich seiner Sache so sicher ist, kann und darf darauf vertrauen, dass das Gute und Wahre daran Durchsetzungskraft und Bestand haben werden – auch ohne krampfhafte Zensur und Verteidigung, auch ohne pedantische Grenzziehung gegen Verfremdung oder „Überfremdung“, um ein leider in Mode gekommenes Politik-Schlagwort zu gebrauchen.

Ich gebrauche dieses Wort hier ganz bewusst. Denn wir haben es bei dem im Evangelium angesprochenen Problem keineswegs mit einem nur auf den religiösen oder gar innerkirchlichen Raum beschränkten Phänomen zu tun – also mit der Bewahrung und Reinhaltung eines religiösen Erbes und einer kirchlichen Identität durch Abgrenzung gegen Andere. Gerade in einer zunehmend globalisierten Welt begegnen auch auf anderen Ebenen verstärkt fragwürdige Gegenbewegungen im Sinne neuer Grenzziehungen – sei es nun auf politischem oder kulturellem Gebiet. Chauvinistische Haltungen finden allenthalben wieder empfänglichen Boden und verhärten diesen zu Nationalismus und Traditionalismus, gelegentlich sogar zu neuem Faschismus und Rassismus.

Um hier nicht missverstanden zu werden: Das Problem dieser „Ismen“ liegt nicht in ihrer konservativen Grundhaltung, die ein als wertvoll eingeschätztes Erbe bewahren will. Das Problem wird vielmehr erst virulent, sobald solche Bewahrung geschieht durch Ausgrenzung, Unterdrückung oder gar Bekämpfung des Anderen, Neuen und Fremden. Und das Problem besteht auch nicht nur im darin sich bergenden Potential – und leider allzu oft auch Aktual – an Intoleranz und Gewalt. Was die Fahnenträger einer aggressiven und ausgrenzenden Sorge um nationale, kulturelle oder eben auch religiöse Identitäten geflissentlich übersehen oder hinter hohlen Muskelspielen zu verbergen suchen, ist die Tatsache, dass jede Verneinung bzw. Herabsetzung und Entwürdigung des Anderen und Fremden letztlich die eigene

Identität als schwach entlarvt, sie damit gerade entwertet und letztlich verrät, anstatt sie wirklich zu schützen. Die Sicherung der eigenen Identität durch Verneinung und Ausgrenzung einer anderen ist letztlich bloß Ausdruck von Angst, von Unsicherheit und mangelndem Vertrauen in die innere Überlebens- und Überzeugungskraft gerade dessen, was als wertvoll bewahrt werden soll.

Eine wirklich vitale, fest im Leben ihrer Angehörigen verwurzelte kulturelle Identität hat es dagegen nicht nötig, sich gegen fremde Kulturen abzuschotten. Ein überzeugter, fest gegründeter Glaube hat es nicht nötig, anderen Religionen, die im Namen desselben einen Gottes, aber unter anderen Zeichen auftreten, ihren Glauben abzusprechen oder madig zu machen. Und eine Kirche, die sich ihrer selbst wirklich so sicher gibt wie meine römisch-katholische, sollte es deshalb auch nicht nötig haben, anderen christlichen Gemeinschaften ihr Kirche-Sein einfachhin abzusprechen und sie damit zu verletzen. Es wäre dagegen viel überzeugender, ein viel glaubwürdigerer Erweis berechtigten Selbstbewusstseins, das eigene Kirche-Sein in gelassener Selbstverständlichkeit ohne Abgrenzung gegen Andere zu leben und sich über jene Wegpassagen ehrlich zu freuen, auf denen getrennte Glaubensgemeinschaften gemeinsamen Schrittes mit der eigenen unterwegs sind.

Ich muss an die weiter oben beschriebene Haltung stolzen Selbstbewusstseins gepaart mit tiefem Respekt vor dem Fremden denken, wie ich sie in der Gastfreundschaft eines muslimischen Polizeioffiziers inmitten der mauretanischen Wüste erleben durfte. Und ich denke mir, dass man vielleicht manche der gegenwärtigen Bischöfe und selbsternannten Glaubenswächter, aber auch manch xenophobe und chauvinistische Politiker hin und wieder in die Wüste schicken sollte, damit sie in ähnlichen Begegnungen lernen, wie man mit dem Anderen, dem Fremden, dem Andersgläubigen kommunizieren und in offenen Austausch treten kann, ohne dabei Angst um die eigene Identität und Kultur haben zu müssen.

## *16a* ~ Konfrontation

*Es ist schwer zu sagen, ob Nomaden mehr oder weniger konfliktbereit und -fähig sind als sesshafte Menschen. Immerhin könnte man auf den Gedanken kommen, Wanderern eigne eine gewisse Flüchtigkeit bzw. eine Neigung, unangenehmen Dingen eher aus dem Weg zu gehen, also auch Konflikte lieber zu fliehen als sich ihnen zu stellen, während im Unterschied dazu weniger flexible Lebensformen über weniger Möglichkeiten verfügen, Konfrontationen zu meiden.*

*Andererseits wurde ich auch auf meinen Wanderungen immer wieder mit äußerst unangenehmen Situationen konfrontiert, die keinen Ausweg boten oder in denen Rückzug und Flucht keine Lösung, allenfalls sogar gefährlich gewesen wären. Am stärksten zeigt sich diese Spannung in der Begegnung mit wilden bzw. aggressiven Tieren:*

*Hirten und andere Bewohner einsamer Wildnisse haben mich immer wieder eindringlich davor gewarnt, davon zu laufen, wenn ich etwa einem Bären begegnen sollte; man müsse sich vielmehr möglichst groß und viel Lärm machen und damit seinerseits das Tier in die Flucht schlagen. Zum Glück blieb mir dieser Ernstfall bislang erspart. Womit ich es (hauptsächlich in den Bergregionen Süd- und Osteuropas) bisher allerdings nicht nur einmal zu tun bekam, waren ganze Rudel großer, halbwilder Hirtenhunde ohne Aufsicht, die irgendeine einsame, unbewohnte Hütte bewachten, an der mein Pfad vorbeiführte. Umwege in ausreichender Distanz lässt das Gelände in solchen Situationen leider nur selten zu, und*

*ein Rückzug ist zumeist auch keine Lösung: Davonlaufen ist vor allem bei aggressiven Hunden so ziemlich die größte Dummheit, die man begehen kann, und der Rückzug durch Rückwärts-Gehen – weil man solchen Tieren eben niemals den Rücken zuwenden darf – ist ein äußerst gewagtes Unterfangen, zumal mit einem schweren Rucksack auf den Schultern: Das Risiko, dabei zu stolpern und dann hilflos wie ein Käfer auf dem Rücken zu landen, ist hoch. Die einzig hilfreiche Methode in solch unangenehmen Begegnungen besteht meiner Erfahrung nach darin, den Tieren offensiv entgegen zu treten und ihnen zu zeigen, „wer der Herr ist", weil sie offenbar keine andere Sprache als solches „entweder – oder" verstehen. Ich gebe zu, dass sich das relativ leicht sagt als einer, der mit Tieren aufgewachsen ist und keine Scheu vor Hunden kennt; zugleich weiß ich, dass man solche Furchtlosigkeit kaum oder nur sehr schwer trainieren kann und Hunde eine bestehende Ängstlichkeit ihrer Gegner auch hinter einem nach außen hin starken Gehabe unweigerlich wittern. Ich weiß aber letztlich auch für solche Fälle leider keine bessere Lösung, als der Gefahr bestimmt und „mit offenem Visier" entgegen zu treten – oder eben bereits bei ihren leisesten Anzeichen (und sofern das dann noch möglich ist) den Rückzug anzutreten, also umzukehren und damit den geplanten Weg aufzugeben und mehr oder weniger große Umwege (ohne Erfolgsgarantie) in Kauf zu nehmen. Entweder – oder.*

## *16b* ~ Konfliktaustrag *(Mt 21,28-32)*

Die biblische Darstellung in der bekannten Parabel von den beiden ungleichen Söhne wirkt zunächst wie ein Holzschnitt: Der Eine erscheint wie das glatte Negativ des Anderen. Während der Erste auf die Bitte des Vaters, zur Arbeit in den Weinberg zu gehen, zunächst Ja sagt, aber in Wirklichkeit Nein tut, verhält sich der Zweite genau umgekehrt. Man könnte zum Schluss kommen, dass in beiden im Prinzip dieselben Prozesse ablaufen, nur eben in die jeweils entgegen gesetzte Richtung: Beide besinnen sich nach der einmal gegebenen Antwort einfach des Gegenteils und handeln dann dementsprechend. Man könnte – zumal im religiösen Kontext – von „Umkehr-Prozessen" sprechen, nur dass die Umkehr beim ersten Sohn eben in die falsche, negative Richtung geht, während sie sich beim zweiten Sohn ins „moralisch Gewünschte" wendet. – Eine solche holzschnittartige Interpretation dieser Parabel scheint mir aber denn doch etwas zu einfach gestrickt und zu abgehoben von der menschlichen Realität.

Wenn man sich die beiden Söhne – ihre Haltungen und mutmaßlichen Motive – etwas genauer vergegenwärtigt, dann ist es wohl nicht so, dass der Erste zunächst ja wohl willig war und sich erst später eines Schlechteren besonnen hätte; es ist dagegen viel wahrscheinlicher, dass im Prinzip *beide* die Bitte des Vaters ablehnten und ihr nicht entsprechen wollten – und zwar von Anfang an. Das entspricht auch dem politischen Kontext, in dem Jesus diese Parabel erzählt: Er spricht ja zu den religiösen Führern seiner Zeit, mit denen er bekanntlich oft im Clinch lag und die er am Ende seiner Parabel auch ganz unverhohlen angreift. Mit seinem Gleichnis sagt er ihnen auf den Kopf zu: „Ihr seid wie der erste Sohn. Ihr gebt euch nach außen hin fromm, befolgt punktgenau alle Glaubensregeln und Gesetzesvorschriften, sagt brav Ja zum überlieferten Glauben – aber in Wirklichkeit wollt ihr gar nicht; im Ergebnis unterscheidet ihr euch überhaupt nicht von den Zöllnern und Dirnen, deren Ungehorsam wenigstens gleich offen zutage tritt!"

Interessant ist in diesem Zusammenhang, dass Jesus die Zöllner und Dirnen in eine größere Nähe zum Gottesreich rückt, ohne dass zunächst von deren Bekehrung die Rede ist, ohne dass also etwa davon die Rede ist, dass sie zuvor aufgehört hätten, Zöllner und Dirnen zu sein. Die Nähe zum Gottesreich bemisst sich also offenbar nicht erst am Endergebnis eines Glaubensprozesses, also an dem Maß, in dem es einem Menschen gelingt, dem Evangelium entsprechend zu leben. Nein, Jesus setzt vielmehr schon bei der *Grundhaltung* an, in der Menschen der Botschaft vom Gottesreich begegnen. Und um es pointiert zu sagen: Jesus sind jene, die gleich offen und ehrlich ihren Widerstand bekunden, lieber als die halbherzigen Ja-Sager und in Wirklichkeit ebenso Nein-Tuer.

Ich glaube, das hat nicht so sehr einen moralischen Grund, weil die Einen eben aufrichtiger sind als die Anderen; das hat vielmehr eine tiefere Ursache: Halbherzigkeit verhindert echte Begegnung und Konfrontation, damit aber auch Entwicklung, Veränderung und Neuanfang. Der allem zwar Zustimmende, in Wahrheit aber halbherzig Bleibende betrügt sich selbst und sein Gegenüber mit seiner Zustimmung, die in Wahrheit aber folgenlos bleibt. Er entzieht sich auch jeder Kritik; er gibt ja nach außen hin keinen Anlass dazu. Vielleicht sieht er sich sogar selbst im Reinen. Offiziell entspricht er ja den an ihn gestellten Forderungen. Dass er seinem Ja-Wort in Wahrheit nicht entspricht, womöglich gar nicht entsprechen will, bleibt dagegen im Verborgenen und kommt – wenn überhaupt – erst nachträglich zum Vorschein. Dann aber ist es eigentlich zu spät.

Es ist nun auffallend, dass Jesus dem halbherzigen Ja-Sager und in Wirklichkeit Nein-Tuer in seiner Parabel nicht etwa einen braven Bruder gegenüberstellt, der schön artig Ja sagt und dem Willen des Vaters auch tatsächlich gehorcht. Nein, das positive Gegenstück zum ersten Bruder ist vielmehr der offen und widerspenstig Ungehorsam Bekundende.

Ich glaube, dieser zweite Sohn ist das positive Gegenstück aber nicht erst aufgrund seiner späteren Umkehr, sondern schon von Anfang an – geradezu aufgrund seines offenen Widerspruchs. Denn nur diese Offenheit und Aufrichtigkeit macht den späteren Umkehr-Prozess erst möglich: Dieser zweite Sohn täuscht nämlich – im Unterschied zum ersten – weder seinen Vater noch – und das ist sogar noch wichtiger! – sich selbst über die tatsächliche Lage hinweg: Er benennt seinen Ungehorsam offen und ehrlich, und das zwingt ihn letztlich, sich weiter damit auseinander zu setzen. Wer sich so wie der zweite Sohn frank und frei einem Anderen verweigert, muss sich über diesen Widerspruch im Klaren sein, muss dann auch spüren und erkennen, dass da eine Spannung bleibt, die nicht in Ruhe lässt; dass etwas nicht stimmt in diesem Verhältnis; dass da also etwas – entweder er selbst oder der Andere – einer Korrektur und Veränderung bedarf. Erst der offen benannte Konflikt eröffnet also die Chance auf dessen konstruktive Lösung. Nicht so beim ersten Sohn, diesem halbherzigen Ja-Sager, der im Prinzip nur dort blieb, wo er – uneingestandener Maßen – vorher schon war: im niemals ausgesprochenen, aber faktischen Widerspruch.

Die Parabel von den beiden ungleichen Söhnen kann – auf diese Weise betrachtet – starke Anregungen bieten für die Konfliktkultur in persönlichen Beziehungen: Dass es hier Konflikte, Meinungsunterschiede, Widerwillen geben kann, ist ja nicht das eigentliche Problem. Die Frage ist vielmehr: Wie wird damit umgegangen? Werden die Spannungen angesprochen und ehrlich ausgetragen? Kann auf diese Weise wirkliche Heilung gestörter Beziehungen eintreten? Oder werden Spannungen übergangen, verdrängt, zugeschmiert – also letztlich im Verborgenen ausgesessen, wo es dann nicht mehr auf Recht und Gerechtigkeit ankommt, sondern nur noch darauf, wer den längeren Atem hat bzw. am längeren Ast sitzt.

Weil Jesus dieses Gleichnis aber gerade im Kontext seines Konflikts mit dem religiösen Establishment seiner Zeit erzählt hat, liegt es nahe, einen Blick auch auf die aktuelle Konfliktkultur in meiner Kirche zu werfen: Der international bekannt gewordene „Aufruf zum Ungehorsam" der österreichischen Pfarrer-Initiative vom Frühjahr 2011 lässt sich gerade auch vor dem Hintergrund dieser biblischen Parabel verstehen: Hier wird offen eine Spannung benannt zwischen offizieller kirchlicher Position und faktisch gelebten pastoralen Realitäten und Notwendigkeiten – und zwar nicht aus irgendeiner pubertären Lust an Streit und Ungehorsam, sondern um diese Spannung endlich einer konstruktiven Lösung zuführen zu können. Denn was im Gegensatz dazu seitens der verantwortlichen Kirchenleitungen mittlerweile seit Jahrzehnten praktiziert wird – nämlich sture Aufrechterhaltung einer Fassade im Wissen darum, dass die Lebenswirklichkeit dahinter ganz anders aussieht – das ist wohl gerade ein Hauptgrund für die Krise meiner Kirche: mangelnde Glaubwürdigkeit und Feigheit vor einem aufrichtigen Konfliktaustrag auf gleicher Augenhöhe, der nur auf diese Weise eine Aussicht auf zukunftsfähige Lösungen eröffnet.

# 17a ~ Weggabelungen

*Weggabelungen gehören zu den alltäglichen Dingen des Lebens. Wer seinen üblichen Geschäften nachgeht, kennt im Normalfall die dafür nötigen Wege und nimmt die dabei passierten Abzweigungen kaum mehr bewusst wahr. Wandern und – allgemein – Reisen lassen einen das eigentliche Wesen von Weggabelungen schon deutlicher erleben: Wer sich da auf bislang unbekannte Wege begibt und an eine solche Wegverzweigung kommt, dem wird eine klare Entscheidung abverlangt. Egal, ob nach links oder rechts oder geradeaus, ich muss mich entscheiden. Niemand kann zwei oder gar mehrere Wege gleichzeitig gehen. Und wenn ich mich für eine Richtung entscheide, schließe ich damit – zumindest in dem betreffenden Augenblick – alle anderen Möglichkeiten aus. Sogenannte „Mittelwege" gibt es im realen Straßennetz nicht – nicht in dem Sinn, dass sie es einem ersparen würden, sich für ein bestimmtes Ziel und einen bestimmten Weg dorthin zu entscheiden.*

*Was für das Straßen- und Wegenetz gilt, gilt genau genommen auch für alle anderen Lebensbereiche: In Berufs- und Privatleben, in persönlichen Beziehungen und Fragen der konkreten Lebensführung, auch in der Religion – überall werden einem Entscheidungen abverlangt. Und niemand sollte sich täuschen lassen: Selbst die Wahl eines jener „Mittelwege", die sich in diesen Bereichen doch häufig finden lassen und so gerne als „golden" bezeichnet werden, verlangt eine Entscheidung – eben die Entscheidung für einen Kompromiss, der weder der einen noch der anderen Seite ganz gerecht wird. Ja, selbst die Verweigerung einer Entschei-*

*dung, ein unklares Dahinlavieren zwischen verschiedenen Wegen der Lebensgestaltung ist letztlich eine Entscheidung – die Entscheidung eben für einen windungsreichen, deshalb kaum weiter führenden und umso längeren, mühsameren Weg.*

# 17b ~ Entschiedenheit *(Joh 6,22-69)*

Immer wieder kehren in der Bibel jene unangenehmen, weil unmittelbar berührenden und nachgerade aufdringlichen Passagen wieder, die keinen Zweifel an der Radikalität jener Entscheidung lassen, welche der biblische Glaube und sein Gott ihren Anhängern abnötigen. Josua etwa, der Nachfolger des Moses, stellt es den Israeliten in einem markanten Text eindrücklich vor Augen: Es gibt nur ein „entweder-oder"; Gefolgschaft *entweder* dem Gott, der Israel aus Ägypten befreit und es auf dem Weg durch die Wüste beschützt hat – *oder* den in der neuen Heimat des Jordan-Landes eben gängigen „modernen" Göttern; es gibt hier kein „sowohl-als auch" und keinen Mittelweg. (Vgl. Jos 24,1-2a.15-17.18b) Was für andere Religionen vielleicht möglich sein mag, das ist den biblisch-monotheistischen Religionen kein gangbarer Weg: Man kann nicht verschiedene Götter nebeneinander lieben – sei es nun gleichzeitig oder nacheinander je nach Lebensbereich: also etwa im Berufsleben den Gott des rücksichtslosen Erfolgs, in materiellen Angelegenheiten den Mammon und im Familienleben den Gott der hingebungsvollen Liebe, im öffentlich-politischen Leben den Gott der Sicherheit und Macht und im privaten Freundeskreis den Gott der Menschenfreundlichkeit, Liberalität und Toleranz. Der Gott der Bibel duldet keine geteilten Herzen seiner Gläubigen und keine Götter neben sich.

Jesus treibt diese Exklusivität biblischen Glaubens schließlich auf die Spitze. Er bündelt die allen biblisch Gläubigen abverlangte Entschiedenheit auf sich selbst: Niemand kann zu ihm kommen – also ihn erkennen, verstehen und lieben, *„wenn es* *ihm nicht vom Vater gegeben ist*", und niemand kann zum göttlichen Vater kommen, wenn nicht durch ihn; Er selber, sein ganzes Leben, sein Fleisch und Blut sind Brot und Wein des Lebens – nichts sonst. Aufgrund dieser ungeheuerlichen Selbstbehauptung, heißt es, zogen sich viele Jünger von ihm zurück und wanderten nicht mehr mit ihm umher. Er ist zum Skandal, zum Ärgernis geworden für viele; man kann aber auch sagen: Er hat in seiner Person nur genau die Radikalität und Ausschließlichkeit jener Entscheidung deutlich gemacht, die dem biblischen Glauben zuinnerst eignet, und so haben sich an ihm eben die Geister geschieden und mussten sie sich scheiden.

An diesem exklusiven Anspruch christlichen Glaubens hat sich bis heute nichts geändert. Vielleicht hat die viele Jahrhunderte währende, oft zwanghaft aufrecht erhaltene religiöse Monokultur des abendländischen Kulturkreises diesen Anspruch über lange Zeit hinweg etwas verdeckt: Man war einfach Christ – ohne eigentliche Entscheidung, oft auch ohne Entscheidungs*möglichkeit*. Das hat sich – ich stehe nicht an zu sagen: zum Glück – geändert: Religiöse Freiheit gehört zu den Grundbedingungen freien Menschseins und als Voraussetzung für eine reife religiöse Entscheidung auch zu den Grundbedingungen echten Christseins. Dass aber eine postmoderne Liberalität die oft in harten Emanzipationskonflikten errungene religiöse Entscheidungsfreiheit mit Unentschiedenheit und Beliebigkeit verwechselt, das ist nicht gut zu heißen und muss mit der Entschiedenheit christlichen Glaubens in erneuten Widerspruch geraten.

Dass die exklusive Christus-Bezogenheit meines Glaubens in einer pluralistischen Gesellschaft von vielen als Ärgernis erlebt wird, ist freilich unbestreitbar. Manche trachten, diesem Ärgernis zu entkommen, indem sie versuchen, ihr Christsein sozusagen auf einem „goldenen Mittelweg“ gegenüber anderen Lebensmöglichkeiten zu halten – sozusagen maßvoll reduziert, gutbürgerlich verträglich. „Ich bin schon Christ“, sagen sie, „nur eben nicht übertrieben“. Ich frage mich, was mit solch „gemäßigtem“ Christsein eigentlich gemeint ist – angesichts eines Christus, der beansprucht, Brot und Wein des ganzen Lebens zu sein und nicht nur an Sonntagen, in privaten Familien- und Freundeskreisen, sondern eben auch Brot und Wein des Lebens in Freizeit und Beruf, in Gesellschaft und Politik. – Viele lehnen den exklusiven Anspruch des Christus-Glaubens deshalb überhaupt ab. Das ist immerhin eine klare Entscheidung, die zu respektieren ist.

Interessant ist, was der Theologe Josef Hermann Coenen hinsichtlich dieser Entscheidungssituation beobachtet; er schreibt: *„Wenn einer austreten will aus der Kirche, das versteht heute jeder. Da braucht er keine Begründung zu nennen, weder beim Amtsgericht noch vor den Kollegen. Warum einer in der Kirche bleibt ... das ist eine gute Frage. Und wenn einer gar wieder eintreten möchte, der muss schon wichtige Gründe nennen können für solch einen Schritt.“*[5] Die hier beschriebene Situation ist ganz ähnlich der Situation im Evangelium: Jene, die von Jesus genug haben und ihm den Rücken kehren, gehen einfach weg, und niemand fragt sie nach einer Begründung. Gefragt werden hingegen jene, die bleiben. Und da ist es einmal nicht Jesus, der das entscheidende Wort spricht, sondern Petrus; seine Begründung treuen Bleibens sagt in dieser Frage eigentlich alles, was gesagt

[5] Nach: Josef Hermann Coenen, Und dennoch bleibe ich. Patmos Verlag Düsseldorf 1993.

werden kann: *„Zu wem sollen wir [sonst] gehen? ... Wir sind zum Glauben gekommen und haben erkannt: Du bist der Heilige Gottes.“* – *„Du bist der Heilige Gottes.“* – Petrus begründet sein Bleiben also mit genau jenem ungeheuren Anspruch Jesu, der Andere dazu veranlasst hat, sich von ihm abzuwenden.

Und noch etwas: Petrus sagt nicht, dass er zuerst erkannt hat und deshalb dann auch zum Glauben gekommen ist, sondern gerade umgekehrt: Erst der Glaube, erst seine Entscheidung für Jesus befähigt ihn zu jenem Erkennen und Bekennen: „Du bist mein Heil.“ Der Glaube scheint also zuerst eine Sache des Herzens, dann erst des Kopfes, mehr eine Frage der Liebe als des Verstandes zu sein. Und weil Liebe – im Unterschied zum Verstand – gegenüber einem zu Liebenden keine abwägenden Abstufungen, Kompromisse und Mittelwege kennt, sondern nur eine Entscheidung „entweder-oder“, konnte der Theologe Hans Urs v. Balthasar auch einmal sagen: *„Der Fall, dass einer Jesus wirklich begegnet und nicht entweder anbetet oder Steine gegen ihn aufhebt, ist im Evangelium nicht vorgesehen.“*

## 18a ~ Grenzen

*Auch wenn Grenzübertritte viel zur symbolischen und erlebnismäßigen Aufladung des Reisens beitragen mögen, erlebt der Wanderer sie doch zumeist als lästig und Einschränkung seiner Bewegungsfreiheit. Das gilt nicht nur für politische Landesgrenzen. Ich bin mehrmals durch Landstriche gewandert, die von einem mehr oder weniger lückenlosen Gitter aus Hecken, Zäunen und Gräben zur Begrenzung privaten Grundbesitzes überzogen waren. Nicht dass es infolge alter Wegerechte nicht überall Durchlässe, Überstiege und Gatter für Wanderer gegeben hätte; aber es war in solchen Gegenden praktisch unmöglich, den für weite Märsche so unerlässlichen persönlichen Schrittrhythmus zu entwickeln; dieser wurde vielmehr vorgegeben durch die Größe der jeweiligen Grundstücke und die Art, Höhe und Breite ihrer Grenzübergänge und machte das Wandern über weite Strecken zu einem mühsamen, arhythmischen Hindernislauf.*

*In einem anderen der von mir durchwanderten Länder hat mich die unerhörte Sorgfalt und kreative Fantasie geradezu frappiert, welche seine Einwohner auf die Gestaltung ihrer Gartenzäune verwenden. Kein Zaun gleicht dem der Nachbarn; die einzige Gemeinsamkeit besteht in der auffallenden Höhe und Gepflegtheit der Grundstücks-Umfriedungen. Man könnte diese ausgeprägte Zaun-Kultur nachgerade als touristisches Markenzeichen der betreffenden Region vermarkten. Bezeichnender Weise scheint deren Bevölkerung daran kein sonderliches Interesse zu haben, begegnet sie doch Fremden wie mir fast durchwegs auffallend reserviert und verschlossen. Auf Basis der deshalb eher spärlichen Begeg-*

*nungen, die meinen Weg durch dieses Land begleiteten, musste ich den Eindruck gewinnen, bei seinen Bewohnern handle es sich mehrheitlich um Menschen, denen Ordnungsliebe und klare Grenzsetzungen wichtig sind; Menschen, denen im Gegensatz dazu Freiheit eher Angst macht und die deshalb lieber starken politischen Autoritäten und homogenen religiösen Normensystemen zuneigen; Menschen, die Mauern und Abgrenzungen benötigen zur Verteidigung und Absicherung mühsam errungener Lebensordnungen; Menschen, welche die Auseinandersetzung mit der Komplexität und Pluralität modernen Lebens scheuen oder sich davon überfordert fühlen und sich deshalb lieber zurückziehen in das klar umzirkelte Geviert ihrer überschaubaren privaten Welt. So reich dieses Land an Zäunen und Ordnungsregeln ist, so arm und bescheiden wirkte es allerdings auf mich hinsichtlich bedeutender Kunstwerke und wegweisender Kulturdenkmäler …*

## 18b ~ Grenzüberschreitung *(Gen 3,1-7a)*

Grenzen sind heute bei den allermeisten mir bekannten Menschen zunächst einmal negativ besetzt. Sie gelten als Widerspruch zu einem, einer zunehmend sich globalisierenden Welt entsprechenden Lebensstil. Gerade in der EU rühmen wir uns des Abbaus nicht nur wirtschaftlicher, sondern auch politischer Schranken und empfinden das jedenfalls weitgehend als praktischen Fortschritt und Zuwachs an Freiheit. Aber auch wenn man an persönlich-individuelle Lebensbereiche denkt: Grenzen und Einschränkungen werden in aller Regel unangenehm erlebt – ob es sich nun um Beschränkungen der eigenen Leistungsfähigkeit, des persönlichen Kommunikationsvermögens oder auch nur der privaten Geldbörse handelt. Allenfalls ist man noch bereit, juridisch-normative Regeln und Grenzen als leider oft lästige, aber doch notwendige Bedingungen menschlichen und gesellschaftlichen Zusammenlebens zu akzeptieren. Aber letztlich sind die allermeisten Menschen doch überzeugte Liberale: Freiheit ist gut – je mehr davon, desto besser; Einschränkungen derselben sind bestenfalls ein notwendiges und jedenfalls zu minimierendes Übel.

Theologen pflegen es noch einmal anders zu sagen: Der Mensch ist ein transzendentales Wesen. Das innerste Wesen des Menschen besteht gerade in seiner Fähigkeit – ja mehr noch: es besteht in seinem unstillbaren Drang, die Grenzen seiner selbst zu überschreiten – will sagen: die Grenzen seiner jeweiligen Ist-Zustände, seiner Prägungen und Fähigkeiten, seiner aktuellen Erkenntnis, seiner Phantasie. In dem Maß der Mensch zu sich selbst in Beziehung treten und sich seiner selbst bewusst werden kann, kann er auch in Distanz zu sich und zu allem faktisch Vorhandenen treten und die Türen des (noch) Nicht-Seienden aufstoßen, des (noch) Nicht-Gedachten, überhaupt des Noch-Nicht.

Es ist deshalb meines Erachtens ein theologischer Unglücksfall, dass jener Ausschnitt aus den biblischen Schöpfungsmythen, der von Adams und Evas Normüberschreitung im Garten Eden erzählt, dem christlichen Gedächtnis als die „Erzählung vom (Ur-) Sündenfall" eingeprägt wurde. Damit wird die Problematik, von der diese Erzählung handelt, auf die bloß moralische Dimension der Übertretung eines göttlichen Gebotes reduziert. Das aber ist lediglich Schmalspur-Theologie. Dieser biblische Mythos will doch vielmehr eine paradigmatische Urerfahrung des Menschseins erzählen! Menschsein bedeutet ja gerade ein beständiges Überschreiten des Gegebenen und ein beständiges Ausgreifen auf neue Möglichkeits- und Freiheitsräume. Das ist zunächst nicht moralisch zu bewerten; ja es entzieht sich moralischer Bewertung sogar, weil es einfach zur innersten Bestimmung des Menschseins gehört: Wenn es eine Beschränktheit des menschlichen Wesens gibt, dann besteht sie gerade in der Unfähigkeit, auf Transzendenz, also auf Grenzüberschreitung zu verzichten. Und gerade dort, wo Menschen Transzendenz verwehrt oder abgesprochen und der Verzicht darauf aufgedrängt wird, wo Menschsein tatsächlich auf die Dimension des Materiellen und faktisch Vorhandenen reduziert wird, wird das zum moralischen Problem, weil es die Würde des Menschseins verletzt und verrät.

Insofern ist die moralisch wertende Rede vom paradiesischen Ursündenfall problematisch: Gewissermaßen *musste* es ja zu dieser Grenzübertretung kommen! Sie ist dem auf Freiheit und Transzendenz angelegten Wesen des Menschen geradezu geschuldet.

– Ich halte es in diesem Sinne deshalb für sinnvoller, in diesem biblischen Mythos weniger die moralisierende Erzählung einer „Ur-Sünde" zu sehen, als vielmehr eine Erzählung von der „Ur-Tragik" des Menschseins: Es ist nämlich nicht nur eine Erzählung vom Transzendieren von Grenzen, das dem Menschsein praktisch unvermeidlich innewohnt, sondern zugleich von der Lebensnotwendigkeit von Grenzen.

Die Tatsache, dass in dieser immer noch zum biblischen Schöpfungsmythos gehörenden Erzählung Gott dem Menschen eine Grenze setzt (*„Von allen Bäumen des Gartens dürft ihr essen, nur nicht von diesem einen … Andernfalls müsst ihr sterben."*), lässt gerade auch diese Interpretation zu: Der Mensch – nein: letztlich alles Leben benötigt Grenzen. Grenzen sind als Teil des göttlichen Schöpfungswerks lebensnotwendig, unabdingbar für ein gutes Leben. Tatsächlich wird in der Bibel das Leben schaffende und ermöglichende Wirken des Schöpfergottes beschrieben als Ordnen des Urchaos' durch die Setzung von Grenzen. Im 104. Psalm, dem großen Loblied auf Gottes Schöpfertum, heißt es: *„Du hast die Erde auf Pfeiler gegründet; in alle Ewigkeit wird sie nicht wanken. Einst hat die Urflut sie bedeckt wie ein Kleid, die Wasser standen über den Bergen. Sie wichen vor deinem Drohen zurück, sie flohen vor der Stimme deines Donners. Da erhoben sich Berge und senkten sich Täler an den Ort, den du für sie bestimmt hast. Du hast den Wassern eine Grenze gesetzt, die dürfen sie nicht überschreiten; nie wieder sollen sie die Erde bedecken."* Gott schafft und ermöglicht Leben, indem er Grenzen setzt.

Das gilt in besonderer Weise für das rechte Verständnis der biblischen Gebote und Normen: Gott hat am Sinai seinem Volk durch Moses ein Gesetz gegeben – nicht zur Beschränkung seiner

Freiheit, sondern als Bedingung der Möglichkeit guten Lebens und Zusammenlebens. Die Grenzziehungen der biblischen Gebote sollen Leben nicht behindern, sondern erst ermöglichen! Und dort, wo sie diese Aufgabe erfüllen, soll nach Jesu Worten kein Buchstabe des Gesetzes vergehen, solange Himmel und Erde bestehen. (Vgl. Mt 5,18) – Das sagt ausgerechnet der große, beinahe schon notorische Grenz- und Gesetzesbrecher Jesus, der immer wieder in Konflikt mit den religiösen Eliten und Sittenwächtern seiner Zeit gekommen ist. Ja, es scheint, dass er diesen für ihn vorerst tödlich endenden Konflikt geradezu gesucht hat, indem er etwa die mosaischen Sabbat- und Reinheitsgebote immer wieder bewusst übertreten hat – überall dort nämlich, wo sie das Leben und Heil der ihm begegnenden Menschen behinderten, anstatt es zu fördern.

Das bleibt also das entscheidende Kriterium: Grenzen sind lebensnotwendig – aber nicht in jedem Fall! Wo sie also dem Leben entgegenstehen, ist es ebenso notwendig, sie zu übertreten. Das gilt von der Makroebene internationaler Politik über die Mesoebene gesellschaftlichen Zusammenlebens bis hinein in die intimsten Räume zwischenmenschlicher Beziehungen.

Grenzen sind lebensnotwendig. Wo sie aber dem Leben entgegenstehen, ist es ebenso notwendig, sie zu übertreten! – Das Eine vom Anderen zu unterscheiden, den oft schmalen Grat zwischen Grenze als Lebenshindernis und Grenze als Lebensnotwendigkeit jeweils zu erkennen und ihm zu folgen, das bleibt die große Aufgabe des Menschseins: im privaten ebenso wie im öffentlich-politischen Leben, im Sport ebenso wie in der Kunst, in der Wirtschaft ebenso wie in den Wissenschaften – und nicht zuletzt auch in der Religion.

# 19a ~ Beschaulichkeit

*„Die Entdeckung der Langsamkeit" lautet der Titel eines Romans von Sten Nadolny, der in den 1980ern Jahre lang Spitzenplätze auf den Bestseller-Listen der internationalen Literatur-Szene belegte. Zumindest ein Teil dieses großen Erfolgs ist wohl der Tatsache geschuldet, dass sowohl Titel wie Inhalt des Romans auf ein weit verbreitetes Lebensgefühl treffen – aber nicht im Modus der Bestätigung und Übereinstimmung, sondern vielmehr des Mangels und der Sehnsucht: Der Roman begegnet dem in der Gegenwart allgegenwärtigen Gefühl der Schnelllebigkeit, dem Geschwindigkeitsrausch modernen Lebens, dem Lebensäußerungen wie Langsamkeit, Beschaulichkeit oder Nachdenklichkeit einerseits als unzeitgemäße Provokation und Vergeudung der wertvoll-knappen Ressource Zeit erscheinen, andererseits wie unleistbare Luxusgüter und Objekte vergeblicher Sehnsucht.*

*Auf ähnliche Weise ist wohl die etwa zeitgleich einsetzende Renaissance des Pilgerns zu Fuß vor allem im Windschatten des Hypes um die europäischen Jakobswege zu erklären. Das wochenlange Wandern erlaubt es, zumindest befristet auszusteigen aus einem Lebensstil, dessen Tempo vielfach bestimmt wird von Düsenantrieb, Lichtfaserkabeln und in immer kürzeren Abständen sich steigernden Rechnertakt-Frequenzen, und der in eine immer größer werdende Spannung tritt zu Lebensrhythmen und Zeitbögen, die seit Jahrtausenden konstant geblieben sind: Tag und Nacht, Schwangerschaft, physisches Wachstum etc. Das wochenlange Gehen ermöglicht vielen Menschen die Erinnerung und Wiederentdeckung dieser archaischen Lebensrhythmen, die Selbsterfahrung als Teil einer nicht von Menschenhand manipulierbaren (Zeit-)Ordnung, vielleicht sogar die Entdeckung bzw. Entwicklung eines persönlichen Taktes.*

*Und noch etwas ermöglicht die Langsamkeit des Gehens: Beschaulichkeit im Sinne des bedächtig-genauen Hinsehens auf Dinge und Menschen, auf Vorgänge und Verhältnisse. Gehen lässt nicht nur den menschlichen Organismus einschwingen in einen ihm angemessenen Takt und Rhythmus, es ermöglicht auch dem menschlichen Geist eine Arbeit, in der nicht die Menge und Geschwindigkeit, sondern die Qualität der Informationsverarbeitung und -auswertung entscheidend sind. Wer sich also mit der Bedächtigkeit des Gehens auf einen weiten Weg begibt, sammelt nicht nur eine Menge von Eindrücken und Erlebnissen. Das tut man ja auch im ansonsten so schnelllebigen Alltag – vielleicht sogar in noch höherem Ausmaß. Und genau darin liegt das Problem: Die Fülle an auf einen einströmenden Informationen kann bestenfalls irgendwo im Gehirn abgespeichert und in Träumen verarbeitet werden – bestenfalls! Langes Gehen eröffnet in seiner Langsamkeit dagegen die Chance, diese Beobachtungen und Erfahrungen auch genau und intensiv auszuloten, zu ordnen und zu vertiefen. Und genau dieser langsamere, bedächtigere, genauere Blick fördert dann Einsichten und Erkenntnisse zu Tage, die dazu geeignet sind, bisherige, oft vorschnell angeeignete Verstehenshorizonte aufzubrechen und in Frage zu stellen, um der Wirklichkeit ein Stück näher zu kommen.*

## *19b* ~ Aussaat und Ernte *(Mt 13,1-11.18-23)*

Das biblische Gleichnis vom Ausbringen der Saat ist zunächst wie geschaffen für gestresste Zeitgenossen, denn Jesus liefert die authentische Auslegung dieses Gleichnisses gleich selbst mit. Da ist nicht mehr viel zu ergänzen; die Erklärung klingt schlüssig und ist leicht verständlich. Langwieriges Text-Studium und Nachgrübeln scheinen sich zu erübrigen ...

... wenn sich da nicht meine langjährigen Beobachtungen als Fußreisender durch unterschiedlichste Agrarregionen von fruchtbaren, intensiv bewirtschafteten Ebenen bis in urtümliche Gebirgslandschaften quer legten. Diese Beobachtungen decken nämlich eine gewisse Schwäche und Ungenauigkeit des Gleichnisses auf: Wo geschieht es denn in der Realität der zumindest zeitgenössischen Landwirtschaft, dass eine Saat einfach irgendwohin geschmissen wird, um dann einfach zuzuwarten, was denn daraus werden mag? Kein vernünftiger Bauer wirft doch heute gutes Saatgut einfach auf Wege, Felsen oder in die Dornen. Heute setzt sich der Landwirt vor der Aussaat mit ganz anderen Aufgaben und Fragen auseinander: mit der Qualität des Saatgutes etwa; mit der Sorgfalt, die auf die Aufbereitung des Ackerbodens verwendet wird; mit der richtigen Düngung und Fruchtfolge. Das sind Themen, die viel mehr die umfassende Verantwortung des Bauern für den späteren Ernteertrag ins Spiel bringen als das Gleichnis, das die ganze Verantwortung eigentlich dem Boden zuschiebt – gemäß dem biblischen Gleichnis also den Adressaten des Gotteswortes.

Das Gleichnis entspricht insofern auch kaum der Wirklichkeit vor dem Hintergrund der rund 2.000jährigen Geschichte der kirchlichen Verkündigung des Gotteswortes: Ist es denn fair, bzw. machten Christen es sich nicht zu einfach, wenn sie sich als Kirche im Sinne des biblischen Gleichnisses einfach zurück lehnten und sich sagten: „Unsere Ware bzw. unser Saatgut stimmt doch wohl! Es muss demnach am Boden liegen, also an den Adressaten unserer Saat, wenn das Gotteswort bei vielen Menschen heute so wenig Gehör und Aufnahme findet. Und wir wissen auch schon die passenden Schuldigen: Es liegt an ihrem unverbesserlichen Egoismus, an ihrem schnöden Materialismus, am allgegenwärtigen Relativismus und seiner Gottvergessenheit." – um nur ein paar gängige Schuldzuweisungen jüngerer päpstlicher Reden und Verlautbarungen zu zitieren. Schuld wären demnach immer die Anderen! Diese Haltung aber ist nichts als selbstgerecht – und unser biblisches Gleichnis sollte keinesfalls dazu verführen!

Kein Zweifel: Das Wort vom Gottesreich ist bestes Saatgut und als solches unübertrefflich. Aber ob wohl immer richtig, kompetent und gut damit umgegangen wird? Mit wie viel leerer Spreu wird es doch oft vermischt: mit kirchlichen Traditionen und Geboten etwa, die nicht viel mit der Reich-Gottes-Botschaft am Hut haben, oder einfach mit belanglosem, verwechselbarem Geschwätz und Antworten auf Fragen, die niemand gestellt hat! – Oder mit Blick auf den Boden, den zu beackern allen Getauften aufgegeben ist: Über Jahrhunderte hinweg glichen machtpolitisch verstrickte Kirchen eher überdimensionierten agroindustriellen Maschinen als pfleglichen Ackergeräten zur Aufbereitung des Bodens. Darf es da verwundern, wenn dieser Boden irgendwann verhärtet, zumacht und nichts mehr hergibt? Vielfach wurde der zu bebauende Boden im Bewusstsein eigener Macht und Monopolstellung auch einfach ausgebeutet, ohne entsprechende Zuwendung und Gegenleistung. Und dabei bestünde die kirchliche Kernaufgabe doch nicht nur im Aussäen und allenfalls Ernten, sondern noch weitaus mehr im Auflockern des Bodens und in der Zufuhr von Nährstoffen, also im liebenden, Leben fördernden Umgang mit dem Boden – mit den Menschen also, in die das Evangelium fallen und einwurzeln soll!

Mag sein, dass das Gleichnis vom Ausbringen der Saat aus dem Mund Jesu so stimmt, wie es überliefert ist. Jesus selbst darf zweifellos nicht nur als guter Hirte gelten, sondern begegnet hier eben im Bild des guten Sämanns. Aber ich bezweifle, dass das Gleichnis im selben Maß und ohne Zusatz anzuwenden ist auf alle weiteren mit der Weitergabe des Gotteswortes Betrauten – und dazu zähle ich letztlich alle Getauften und christlichen Gemeinschaften und Kirchen. Wenn diese sich schon an diesem biblischen Bild von Saat und Boden orientieren wollen, dann sollten sie sich nicht nur als Säleute, sondern wohl eher als Bauern sehen. Deren Geschäft umfasst eben mehr als nur Aussaat und Ernte. Der gute Landwirt trägt vielmehr auch Verantwortung für den Boden, den er bestellt. Und ob dieser bereit ist, die Saat aufzunehmen, hängt immer auch an der Aufmerksamkeit, Sorgfalt und Qualität der bäuerlichen Arbeit.

# 20a ~ Gesamtsicht

*Ein Weg setzt sich zusammen aus unzähligen Einzelschritten, aber er ist mehr als die Summe dieser Schritte. Zum Weg im eigentlichen Sinn mit Anfang und Ziel, Richtung, Richtungsänderungen, Irrwegen – kurz: zum Weg mit nachvollziehbarem Profil wird ein Weg erst durch seine Einbettung in einen größeren Horizont. Damit aus seinem bloßen Gehen ein Weg wird, benötigt der Wanderer deshalb z. B. Kartenmaterial, das es ihm erlaubt, seine Schrittfolge in den Zusammenhang einer Landschaft einzuordnen und damit in Beziehung zu setzen; eine ähnliche Funktion bietet auch die Aussicht von einem erhöhten Punkt, ein klarer und weiter Horizont mit entsprechend markanten Orientierungspunkten oder ein Fixstern am Himmel.*

*Wer dagegen schon einmal stundenlang durch dichten Nebel gewandert ist, durch dunkle Wälder, unbekannte Straßenschluchten oder über ebene Sand- oder Schneewüsten, weiß um die Gefahr des Sich-Verlierens in Einzelschritten, um die bange Last der Orientierungslosigkeit und die tatsächliche Erfahrung des Irrtums. „Den Wald vor lauter Bäumen nicht sehen", ist eine bekannte Redewendung, welche diesen misslichen Zustand reflektiert. So wahr das Wort des spanischen Dichters António Machado „Der Weg entsteht im Gehen" auch ist – Gehen allein ist zu wenig, damit eine Schrittfolge zu einem Weg mit klarem Sinn und Ziel wird. Was darüber hinaus notwendig ist, ist ein Akt der Distanzierung und Selbstvergewisserung, des Perspektivenwechsels und Blicks auf das Ganze.*

## 20b ~ Zusammenhänge *(Mt 16,13-23)*

Man ist es von der gängigen Gottesdienstpraxis her gewohnt, das Evangelium immer nur in kleinen „Portionen" zu hören. Diese Gewohnheit birgt die Gefahr, das Evangelium dann überhaupt für eine kunterbunte Sammlung von in sich abgeschlossenen Einzelepisoden aus dem Leben Jesu zu halten. Das Gespür für größere Zusammenhänge und für redaktionelle Spannungsbögen droht dabei freilich verloren zu gehen. Und verloren gehen damit auch wichtige Botschaften der Evangelien selbst.

Mitunter erhebt sich allerdings der Verdacht, dass dieser Fragmentierungseffekt von mancher Seite her durchaus erwünscht ist. Ein treffliches Beispiel dafür kann das 16. Kapitel des Matthäus-Evangeliums abgeben: Da wird unter anderem davon berichtet, wie Petrus auf die Frage Jesu, für wen ihn seine engsten Gefährten wohl hielten, ein klares Bekenntnis ablegt: *„Du bist der Messias, der Sohn des lebendigen Gottes!"* Die Auszeichnung, die Petrus dafür erntet, ist bekannt: *„Du bist Petrus und auf diesen Felsen werde ich meine Kirche bauen und die Mächte der Unterwelt werden sie nicht überwältigen. Ich werde dir die Schlüssel des Himmelreichs geben; was du auf Erden binden wirst, das wird auch im Himmel gebunden sein, und was du auf Erden lösen wirst, das wird auch im Himmel gelöst sein."*

Genau dieser Satz umspannt in seiner lateinischen Version als gewaltiger Fries mit schwarzen Riesenlettern auf Goldgrund den gesamten kolossalen Kirchenraum der römischen Peterskirche – gewiss nicht ohne programmatische Absicht! Denn es ist kein

Geheimnis, dass besonders meine römisch-katholische Kirche dieses „Felsen-Wort" für sich reklamiert, insbesondere für ihre obersten Amtsträger, also die römischen Bischöfe als Nachfolger des Petrus. Man weiß aus der Geschichte meiner Kirche auch, dass dieses Wort immer wieder Anlass gegeben hat zu gewaltigen Macht- und Unfehlbarkeitsansprüchen des Papsttums, und dass es besonders zur Untermauerung von dessen Sonderstellung und unumschränkter Führungsrolle in Anschlag gebracht wurde und wird. Das Bibelzitat auf dem monumentalen Spruchband in der vatikanischen Hauptkirche, diesem steinernen Ausbund päpstlicher Machtdemonstration, ist Programm – und dennoch nur die halbe Wahrheit!

Weshalb wohl vergisst oder verdrängt man in diesem Zusammenhang bloß immer, dass im selben Abschnitt des Evangeliums nur ganz wenige Verse später denselben Petrus ein ganz anderes, geradezu konträres Jesus-Wort trifft? – Da handelt sich der „Apostelfürst" jedenfalls einen ordentlichen Rüffel ein: Jesus kündigt sein eigenes Leiden und Sterben in Jerusalem an, und Petrus erhebt dagegen heftigen Einspruch: *„Das soll Gott verhüten, Herr! Das darf nicht mit dir geschehen!"* Er hat es gewiss gut gemeint damit, will sich vielleicht einfach als guter Freund Jesu erweisen. Er misst dabei aber offenbar zu sehr nach den Maßstäben dieser Welt und tritt damit gehörig ins Fettnäpfchen. Er scheint immer noch nichts kapiert zu haben: *„... du hast nicht das im Sinn, was Gott will, sondern was die Menschen wollen"*, muss er dementsprechend als Antwort Jesu hören und wird darob sogar noch „Satan" – wörtl. „Widersacher" (Gottes) – gescholten.

Auch in dieser Episode für sich genommen steckt natürlich schon eine Botschaft: Jesus geht seinen Weg kompromisslos; und seine Konsequenz schließt eben auch den unausweichlichen und für ihn schließlich tödlich endenden Konflikt mit den religiösen und politischen Eliten seiner Zeit mit ein. Gerade in dieser kompromisslosen Klarheit und Entschiedenheit im Vertrauen auf Gott allein liegt ja auch die Bedeutung des Weges Jesu, dem es ebenso entschieden zu folgen gilt. Gerade so wird das Reich Gottes Wirklichkeit.

Eine weitere, insbesondere für das kirchliche Leitungsamt und seine Führungsansprüche nicht unwesentliche, wenngleich unangenehm kritische Aussage des Evangeliums wird dagegen erst hörbar, wenn man diese Episode in einem größeren Zusammenhang – eben gemeinsam mit der unmittelbar davor berichteten Szene vom Messias-Bekenntnis des Petrus – liest:

Denn nur fünf knappe Verse trennen die Auszeichnung des Petrus als unüberwindlichen Fels und seine scharfe Zurechtweisung als Satan! Und es spricht viel dafür, diese enge Nachbarschaft der beiden Szenen nicht für einen bloßen Zufall zu halten oder gar für einen redaktionellen *faux pas* des Evangelisten, sondern – im Gegenteil! – für eine wichtige Botschaft desselben an seine Adressaten: Das Felsenfundament der Kirche Jesu besteht nicht in der Ausübung von Leitungsämtern durch bestimmte Personen, sondern in der Anerkennung Jesu als Messias und Gottessohn, auf den allein es zu hören, dem allein es zu gehorchen, dem allein es nachzufolgen gilt! Abseits dieser ausschließlichen Orientierung an Jesus und seiner Botschaft vom Gottesreich verliert das Felsen-Wort seine Geltung und kann sich gar in sein Gegenteil verkehren. Das gilt auch für das oberste Leitungsamt in der Kirche. Auch dieses ist nur Fels in dem Maß, in dem es Jesus und sein Evangelium als exklusive Autorität anerkennt und zum Tragen bringt.

Leitungsämter mögen ja notwendig sein für religiöse Gemeinschaften wie meine Kirche. Aber sie werden immer von Menschen ausgeübt. Und wie fehlbar, wie unzuverlässig, wie alles andere als felsenfest diese stets sind, das will der Evangelist drastisch und wie eine eindringliche Warnung mitteilen, wenn er innerhalb von nur wenigen Versen den Anführer der Apostel Petrus einmal als Fels, dann aber als Gottes Widersacher vorstellt. Es geht hier gewiss nicht um die Person des Petrus allein. Der war vermutlich ein rasch entschlossener, kraftvoller Charakter, der manchmal großartig agierte, dann aber auch wieder ordentlich daneben langte. Es geht hier darum, dass das Maß an felsenfester Autorität in einer Kirche sich einzig und allein daran bemisst, wie sehr diese in der Nachfolge Jesu und also im Dienst des Gottesreichs steht und ausgeübt wird. Dass das gewiss nicht ausnahmslos auf alle Äußerungen päpstlicher Amtsführung und ebenso wenig auf alle Kapitel der Kirchenordnung in zwei Jahrtausenden Kirchengeschichte zutrifft, braucht wohl nicht extra betont zu werden. Für die in diesem Zusammenhang stets notwendige kritische Unterscheidung hilft es jedenfalls, das Evangelium in größeren Zusammenhängen zu lesen.

Ich hätte diesbezüglich übrigens eine Idee zur Bibel-gerechteren Ausgestaltung der römischen Peterskirche: Überall in den Souvenir-Läden rund um den Petersplatz werden doch diese (in der Regel schrecklich kitschigen) holografischen Bilder mit ihren je nach Blickwinkel changierenden Motiven verkauft (z. B. Darstellungen des Gekreuzigten einmal mit weit aufgerissenen, dann wieder geschlossenen Augen; oder der römische Bischof schwebend über der Kuppel der Peterskirche – einmal freundlich winkend, dann wieder mit feierlicher Segensgeste). Es müsste technisch doch machbar sein, auch den erwähnten goldenen Mosaikfries mit dem Bibelvers im Innenraum der Peterskirche als Hologramm auszuführen, sodass die schwarzen Großbuchstaben abwechselnd einmal das Wort vom Felsen sichtbar machen, dann wiederum die warnende Zurechtweisung des Petrus als Widersacher Gottes erscheinen lassen – und das mit jedem Schritt durch den gewaltigsten Kirchenraum dieser Welt.

## 21a ~ Armut

*Immer wieder konfrontieren mich meine Wanderungen mit dem Spannungsfeld „Armut – Reichtum" und mit Fragen um materiellen Besitz und Wohlstand: Nicht nur, dass ich selbst bei so einer Wanderung für einige Zeit auf viele Annehmlichkeiten meines Alltagslebens verzichten und mein Auskommen finden muss mit dem Wenigen an Kleidung, Proviant und sonstiger Ausrüstung, was meine Schultern eben zu tragen imstande sind. Aber es wäre naiv und oberflächlich zu meinen, damit schon das eigentliche Wesen von Armut zu berühren. Gerade einmal, dass ich während meiner Wanderwochen über keine festen bzw. vorgebuchten Quartiere verfüge; ansonsten ist meine „materielle Armut" als Wanderer alles in allem doch recht komfortabel: freiwillig gewählt, zeitlich befristet und notfalls auch vorzeitig beendbar; meine Ausrüstung ist von hervorragender Qualität und nicht einmal billig; und schließlich habe ich auch noch Kredit- und Bankomat-Karten als Rückversicherung dabei.*

*Ich werde auf meinen Reisen aber oft noch auf einer ganz anderen Ebene konfrontiert mit den Fragen nach arm und reich und nach dem Stellenwert der materiellen Ausstattung menschlichen Lebens: Ich wandere im Normalfall durch ländlich geprägte Regionen, die zumeist abseits liegen von den großen Strömen der modernen Kapitalwirtschaft und sogar des Fremdenverkehrs; ich habe gesehen, in manchen Herbergen hautnah miterlebt und für die eine oder andere Nacht sogar geteilt, in welch bescheidenen, ja müh- und armseligen Verhältnissen Menschen dort leben – oft nur wenige Dutzend Kilometer entfernt von den Zentren westli-*

*chen Überflusses. Ich habe dabei neben vielen wunderschönen Natur- und Kulturlandschaften oft auch die Symptome von Verfall und Hoffnungslosigkeit bzw. Resignation erlebt – als Folgen und zugleich Ursachen von Armut: Arbeitslosigkeit, Alkoholismus, menschliche Verwahrlosung. Und ich habe daneben auch berührende Beispiele davon gesehen, wie Menschen mit den bescheidenen Mitteln, die ihnen zu Gebote stehen, versuchen, ihr Leben Schritt um Schritt materiell zu verbessern, es ein wenig angenehmer zu gestalten: gesünder, sicherer oder einfach nur etwas komfortabler. Sie tun das oft unter großen Opfern und Mühen, unter Konzentration all ihrer Lebensenergien auf diese materiellen Ziele. Oft scheint ihr ganzes Streben darauf ausgerichtet zu sein, ihr ganzer Lebenssinn darin aufzugehen: in einem eigenen Haus, einem geräumigen Auto, in einem gepflegten Garten, in der Möglichkeit, auch einmal Urlaub machen zu können irgendwo im sonnigen Ausland. – Vielen dieser Menschen würde ich grob Unrecht tun, würde ich sie deshalb eines schnöden Materialismus' oder gar der Gier zeihen. Vielmehr habe ich oft erfahren dürfen, dass ein gewisses Maß an materieller Sicherheit und Wohlstand einer Kultur der Mitmenschlichkeit keineswegs abträglich ist, sondern sogar förderlich sein kann.*

*Der lateinamerikanische Befreiungstheologe Gustavo Gutierrez hat das Begriffspaar von Armut und Reichtum deshalb losgelöst von der bloßen Frage des materiellen Besitzes und vielmehr in Zusammenhang gebracht mit dem Maß und der Qualität sozialer Beziehungen, in die ein Mensch eingebunden ist, wenn er sagt: „Ich kann gar nicht arm sein, solange ich noch Freunde habe."*

## 21b ~ (Falsche) Sicherheit *(Lk 12,13-21)*

Ich habe mich oft gefragt: Zählen etwa auch all die „kleinen“, um ein bescheidenes Lebensglück ringenden Menschen, denen ich auf den Wegen meines Alltags ebenso wie meiner Wanderungen begegne, schon zu jenen, die im Evangelium ob ihrer Sorge um materiellen Besitz und Sicherheit „Narr“ geschimpft werden – griechisch ἄφρως *(Áphros)*, wörtlich „ohne Denken“, „ohne Vernunft“, in der Alltagssprache „Hirnloser“, „Dummkopf“? Ja, was ist überhaupt das Verwerfliche und das Vernunft- und Hirnlose am Verhalten jenes glücklichen Bauern im Beispiel des Evangeliums, der eine so reiche Ernte einfährt, dass er sich mit seinen Vorräten zur Ruhe setzen und seines Lebens freuen kann? Handelt er nicht eigentlich recht vernünftig und ohne jede böse Absicht? Warum also: Du Narr! Du Hirnloser!?

Vielleicht greift es einfach zu kurz, die Aussage dieser Evangelienstelle vordergründig auf eine Kritik materiellen Wohlstands und Besitzstrebens reduzieren zu wollen. Vielleicht liegt der Kritikpunkt Jesu auf einem ganz anderen Akzent seines Beispiels, einem Akzent, den die gewohnten Bibelübersetzungen leider verschweigen oder zumindest sehr verschleiern: Darin heißt es üblicher Weise, wie der gute Mann nach der Errichtung größerer Scheunen zu sich selber sagen zu können meint: *„Nun hast du einen großen Vorrat, der für viele Jahre reicht. Ruh dich aus, iss und trink …“* Im griechischen Urtext spricht der Mann genau genommen nicht „zu sich selber“, sondern zu seiner ψυχή *(Psyché)*, also zu seiner Seele, seinem innersten Personkern. Das aber bedeutet: Er richtet das Innerste seines Wesens aus, konzentriert

es auf seinen materiellen Wohlstand und versucht, es darin zu betten.

Es ist interessant und vielleicht kein Zufall, dass dieses Wort gleich noch einmal auftaucht im Originaltext: in der Rede Gottes. Wörtlich heißt es da: *„Du Dummkopf! Noch in dieser Nacht wird man deine Seele von dir zurückfordern."* Zurückfordern! Das heißt: Die Seele, der innerste Personkern gehört nicht einfach dem Menschen selbst, steht nicht einfach in seiner Verfügungsmacht, ist ihm sozusagen nur geliehen; sie kann und sie darf deshalb keine Wurzeln, keine Heimat, keine Sicherheit haben, es sei denn in ihrem eigentlichen Schöpfer und Ursprung: in Gott selbst. Und darin besteht offenbar das Kritikwürdige am Verhalten des wohlhabenden Bauern: dass er glaubt, seine Seele, sein Wesen, sein Leben – dass er glaubt, seine Sicherheit und seine Zukunft in etwas anderem als in Gott betten und begründen zu können: eben in seinem vergänglichen Reichtum.

Es wäre also zu billig, einfach materiellen Besitz und Wohlstand selbst schon als dem Evangelium widersprechend zu verurteilen und moralisch zu verunglimpfen. Ich habe auf manchen meiner Reisen durchaus bedrückend erlebt, wie sehr materielle Armut, wie sehr auch die Aussichtslosigkeit, das eigene Leben materiell zu verbessern, Menschen äußerlich und auch moralisch in die Verwahrlosung stürzen, sie beinahe zu dahinvegetierenden Organismen entwürdigen kann und sie gewiss auch kaum Gott oder ihren Mitmenschen näher bringt. Und ich habe umgekehrt mit Freude erleben dürfen, wie die Aussicht und das Streben nach materieller Besserstellung menschliche Tugenden zur Entfaltung bringen können: Kreativität, Arbeitsfreude, Gestaltungswillen, Verantwortungsgefühl über die persönliche Existenz hinaus, also

Solidarität, schließlich auch eine Form der Zufriedenheit, die nicht einfach faule Trägheit bedeutet, sondern eher so etwas wie Liebe zum Frieden und Dankbarkeit.

Vielleicht lässt sich die Frage nach dem rechten Stellenwert materieller Güterausstattung im eigenen Leben also mithilfe einer anderen wesentlichen Grunderfahrung meiner Wanderschaft auf eine Kurzformel bringen: Die Sorge um materiellen Wohlstand kann durchaus ein Weg sein, der mich Gott, meiner Mitwelt und mir selbst näher bringt; aber man darf dabei nie vergessen, dass der Weg auf keinen Fall schon das Ziel selbst ist.

# 22a ~ Rucksack

*Beim Packen eines Rucksacks kenne ich mich aus. Nicht zu viel darf mitkommen auf eine große Wanderung, nur das Nötigste und Leichteste. Immerhin muss ja alles auf den eigenen Schultern getragen werden. Da ist es mir dann auch nicht zu blöd, beim Packen allenfalls sogar die Küchenwaage beizuziehen.*

*Anfänger erkennt man schnell an ihren unförmig aufgeblähten, mit viel zu viel Reserve-Material vollgestopften und allerlei Zusatz-Beuteln behängten, deshalb natürlich unter starkem Übergewicht und mangelnder Balance „leidenden" Rucksäcken. Den erfahrenen Weitwanderer zeichnet dagegen das Hochgefühl beim Entladen des Rucksacks am Ende seiner Wanderung aus, wenn er feststellen kann, dass jedes Gepäckstück zumindest sinnvoll, wenn nicht gar nötig und (von der Notfall-Apotheke hoffentlich abgesehen) keines davon ungebraucht geblieben war. Die gewichtsoptimierte Gepäck-Liste ist immer noch ansehnlich: Zelt, Schlafsack, Liegematte; neben den Wanderschuhen noch ein zweites, leichteres Paar für die Abende und Ruhetage; Waschzeug, Erste-Hilfe-Kit, Reiseapotheke; eine Garnitur Wechselwäsche, Regenschutz, auch etwas Wärmeres für länger anhaltendes Schlechtwetter bzw. kühle Abende; schließlich noch Kocher, Trinkflasche und Camping-Geschirr; Fotoausrüstung, Karten und Kompass; Tickets, Reisepass, Kreditkarte; eine kleine Reisebibel, Schreibzeug, Notiz- oder Zeichenblock und ein gutes Buch. Wenn jetzt auch noch etwas Wegproviant hinzukommt, macht das selbst unter Verwendung moderner Hightech-Ausrüstung gut und gerne 17 bis 18 kg auf den Schultern.*

*Eigentlich ist das nicht viel – verglichen mit dem heute üblichen Urlaubsgepäck, zu dem zusätzlich ja auch noch Laptop, Surfbrett oder Mountainbike, entsprechendes Sport-Mode-Outfit, Ausgehkleider für das „Après“ und weiß Gott was noch alles, gehört. – Aber verglichen mit der Reiseausrüstung des Evangeliums? – Nicht einmal eine Tasche, kein Mundvorrat, kein Geld im Gürtel; nur die Kleider am Leib, Sandalen, ein Wanderstab – und eine vage Zielangabe. – Zugegeben, der Vergleich hinkt: Es war ja eine völlig andere Zeit, eine andere Kultur, ein anderes Klima – und: Es war ja auch nicht die Ausrüstung für eine Urlaubswanderung … – Dennoch, die Provokation bleibt: Was ist wirklich nötig und unverzichtbar für den eigenen Weg?*

*Diese kritische Frage, die sich mir an jedem „Pack-Tag“ stellt, zielt nicht ab auf irgendein asketisches Ideal. Es geht nicht darum, nur von „Luft und Liebe“ zu leben. Es geht nicht um eine weltfremde und sauertöpfische Kritik an den Gütern des Wohlstandes, die das Leben doch auch angenehm machen (aber freilich auch ballastreicher). Und es gibt überhaupt nichts auszusetzen an einem Tennis-Set, am Portable-Fernseher oder am Abendkleid im Urlaub. – Dennoch bleibt es eine wichtige, eine existentielle Frage: Was brauche ich wirklich zum Leben? – Nicht nur im Sinne des unbedingt Überlebensnotwendigen, sondern: Was ist wichtig? Was ist nötig, um gesund und glücklich zu sein? Und was brauche ich, damit es gut weitergeht?*

## 22b ~ Tradition *(Lk 10,1-9)*

„Schrift – Tradition – Lehramt" – so lautet die „heilige Trias", an welcher sich der Weg meiner römisch-katholischen Kirche auszurichten hat: Schrift meint das biblische Fundament des Glaubens und seiner Praxis, Tradition deren konkrete Ausfaltung und Umsetzung auf dem Weg der Kirche durch die Jahrhunderte, Lehramt die von den Bischöfen in Gemeinschaft mit dem Papst auf dieser Basis gegebenen Weisungen vor allem zu Fragen des Glaubens und der Moral. „Schrift – Tradition – Lehramt" – in dieser Reihenfolge, die zugleich eine Rangordnung und Gewichtung angibt ... Angeblich ... Zumindest in der theologischen Theorie ...

Die konkrete kirchenamtliche Praxis lässt nämlich ernsthaft daran zweifeln. Die aktuelle Form der Ausübung des kirchlichen Lehramtes lässt sowohl formal als auch inhaltlich eine ernsthafte Orientierung an „state-of-the-art"-wissenschaftlich geprüften und erhärteten Erkenntnissen sowohl über die authentische Interpretation biblischer Schriften als auch über theologiegeschichtliche Irrtümer in diesem Zusammenhang schmerzlich vermissen; ja in der gegenwärtigen lehramtlichen Praxis wird die moderne wissenschaftliche Theologie häufig eher als Störenfried und Feindin denn als wichtige, unabdingbare Zuarbeiterin betrachtet, und zumindest die höheren Repräsentanten des Lehramts scheinen sich jedenfalls der kirchlichen Tradition mehr verpflichtet zu fühlen als ihrem biblischen Fundament und seiner gewissenhaften Erforschung.

Das ist insofern verhängnisvoll, als der kirchlichen Tradition aus heutiger Sicht nachweislich auch Irrtümer, falsche oder zumindest untaugliche Grundannahmen über Welt und Mensch zugrunde liegen und die darauf aufbauenden theologischen Theorien und Lehrgebäude besser abgetragen werden müssten, um Raum für tauglichere Neuansätze zu schaffen, anstatt das schlecht, weil auf mangelhaftem Fundament Gebaute krampfhaft abzustützen.

Ein bedeutender katholischer Bibelwissenschaftler des 20. Jahrhunderts, Heinz Schürmann, meinte einmal in einem persönlichen Gespräch sinngemäß: „Wir wissen heute aufgrund der Erkenntnisse der modernen historisch-kritischen Wissenschaften und ihrer Hilfsdisziplinen (wie Archäologie, Altphilologie etc.) besser und genauer über die Lebensumstände zur Zeit Jesu und über die ursprüngliche Aussage-Intention von Texten aus jener Zeit Bescheid als die vorangegangenen 18 oder gar 19 Jahrhunderte!" – Die Frage, die sich angesichts solcher Einsicht erhebt: Wie unglaublich viel von dem theologischen Ballast, der sich in diesen 1.900 Jahren Theologiegeschichte auf der Basis heute fragwürdig gewordener oder überhaupt als Irrtum erwiesener Grundannahmen als kirchlicher „Traditionsschatz" angesammelt hat, müsste konsequenter Weise endgültig im kirchlichen Dokumentationsarchiv abgelegt werden, damit Kirche wieder freier und ihrem Grundauftrag entsprechender weiter pilgern kann?!? So wie kein Wanderer einen Stein, der sich irrtümlich in seinem Gepäck findet, weiter mit sich schleppen würde, wäre es seitens des pilgernden Gottesvolkes doch widersinnig, in einem Irrtum zu verharren und damit weiter zu ziehen, sobald es einen solchen erkannt hat – selbst wenn diese Einsicht erst spät erfolgt und der Irrtum quasi schon zum Traditionsschatz der Kirche gehört.

Um hier nicht als mutwilliger Umstürzler und Progressist aus Prinzip missverstanden zu werden: Tradition kann gerade auf einem langen Weg eine wichtige Funktion ausüben – vor allem als durch lange und reiche Erfahrung erprobtes und geläutertes Orientierungswissen. Aber Wege verändern sich: weil sich ihr Umfeld und ihre Rahmenbedingungen ändern; weil es neue geografische Erkenntnisse gibt; weil sich die technische Ausrüstung zu ihrer Bewältigung weiterentwickelt hat; weil sich aufgrund wissenschaftlicher Befunde die Neuinterpretation sowohl des überlieferten Kartenmaterials als auch der daraus gewonnenen Richtungs- und Zielangaben nahe legt. Das überlieferte Erfahrungswissen kann in solchen Situationen oft keine sinnvolle Orientierung mehr bieten. Wird dennoch daran festgehalten, mutiert und verkehrt sich seine ursprüngliche Hilfsfunktion zum schweren, hinderlichen, auf manchen Wegabschnitten sogar gefährlichen Ballast.

Der mittlerweile seit Jahrzehnten andauernde innerkirchliche Konflikt um eine Reform und Erneuerung der bestehenden Kirchenordnung spielt sich weitgehend in genau diesem Spannungsfeld ab. Die reformwilligen Kräfte empfinden viele traditionelle Regelungen nur noch als jedes Fortkommen hemmenden Ballast, keineswegs mehr als Unterstützung des pilgernden Gottesvolkes auf seinem ohnehin mühevollen Weg. Die Hüter der Tradition haben dagegen offensichtlich Angst davor, ohne dieses schwere Gepäck auskommen zu müssen, bzw. halten dagegen, dass ein Weiterweg ohne dieses Gepäck schlechterdings unmöglich sei, weil darin die Identität der katholischen Kirche – ihre Glaubens- und Sittenlehre – selbst eingeschrieben und geborgen sei. Jeder Weiterweg ohne diese traditionelle Ausrüstung sei ein völliger Bruch mit dem bisherigen Weg, also ein ganz anderer Weg: nicht mehr der Weg des pilgernden Gottesvolkes jedenfalls.

Abgesehen davon, dass ich diese Position theologisch für bestreitbar halte: Sogar die umstrittene Verweigerung des Weiheamtes für Frauen ist allenfalls der 2.000jährigen Tradition einer seit Anfang an patriarchal dominierten Kirche geschuldet, kann sich aber kaum auf das biblische Fundament christlichen Glaubens selbst berufen; es ist von daher theologisch äußerst fragwürdig und anfechtbar und kann alleine schon deshalb nicht beanspruchen, zum Kern des Glaubens zu gehören. – *Wenn* es aber tatsächlich so sein sollte, wenn sich also die Authentizität des katholischen Glaubens *wirklich* an diesen traditionellen Festlegungen bemessen sollte, dann steht dieser letztlich vor einer noch viel wuchtigeren und brisanteren Frage – pointiert formuliert: Katholisch *ODER* jesuanisch? Kirchenrecht *ODER* Evangelium? Der Tradition und den Gesetzen der katholischen Kirche verpflichtet *ODER* den Überlieferungen der Hl. Schrift?

Ich setze – immer die Erhebung der in Streit stehenden kirchlichen Traditionen und Gesetze zu zentralen Glaubensinhalten voraussetzend – hier bewusst ein „ODER". Denn: zölibatäre Priesterschaft, Verbot der Frauenweihe, Unfehlbarkeitsanspruch des römischen Papstamtes – nichts, nicht eine Spur davon findet sich – folgt man den Erkenntnissen der theologischen Wissenschaften auf ihrem heutigen Stand – in der biblischen Botschaft Jesu vom Reich Gottes! – Darum aber geht es! Darum muss es gehen! Kirchen und ihre Mitglieder sind nicht dazu da, disziplinäre Normen zu verbreiten und zu verteidigen, sondern sie haben vor allem anderen immer noch denselben Auftrag, mit dem Jesus in der Erzählung des Evangeliums die 72 Jünger ausgestattet und ausgesandt hat – und der da lautet: „Bringt Frieden! Heilt Kranke! Und sagt den Leuten: Das Reich Gottes ist euch nahe!" Nichts weniger – aber auch nichts mehr! Mehr sollten die Jünger nicht auf ihren Weg mitnehmen!

Kirchenrechtliche Ordnungen und Normen mögen in bestimmten Lebenslagen, zu bestimmten Zeiten oder unter bestimmten soziokulturellen Umständen ihre Berechtigung und ihren Sinn haben. Niemals aber können, niemals dürfen sie die absolute Geltung von Glaubenswahrheiten für sich beanspruchen. Es wäre eine Verfälschung des jesuanischen Sendungsauftrags. – Und wo solche Kirchen-internen Regelungen die Verkündigung der Gottesreich-Botschaft sogar behindern, wo sie die Jünger Jesu unter ein neues *„Joch der Knechtschaft"* beugen (Gal 5,1), dort ist Widerstand geradezu geboten – aus Treue zum Kern christlichen Glaubens!

Wohlgemerkt: Katholisch und jesuanisch müssen nicht automatisch ein Widerspruch sein – im Gegenteil: Es muss eine beständige Sorge sein, dass die Regeln und Normen der katholischen Kirche ganz im Dienst der Verkündigung des Gottesreichs stehen. Das ist das Maß ihrer Geltung, nicht die Pflege noch so alter Traditionen! Denn wahre, sinnvolle Tradition ist Weitergabe des Feuers, nicht der Asche! Deshalb aber kann und muss sich die Reinheit des katholischen Glaubens nicht primär an den Kirchen-internen Regelungen und Traditionen bemessen, sondern zuallererst an seinem biblischen Fundament!

Die Vertreter des kirchlichen Lehramts müssen sich deshalb ernsthaft fragen lassen, ob ihre Amtsführung wirklich noch Dienst an den Dienern Gottes – zumindest allen getauften Katholiken, wenn nicht eigentlich allen Menschen guten Willens – ist oder mehr der Verteidigung eigener Macht und Amtsautorität gilt. Als „Hilfestellung" bei der Beantwortung dieser Frage sei an die kaum bestreitbare Tatsache erinnert, dass eine Autorität, welche eigene Fehler und erkannte Irrtümer offen eingesteht und die nötigen Konsequenzen daraus zieht, mehr Anspruch auf Glaubwürdigkeit und Gefolgschaft erheben kann, als eine solche, die meint, sich zu Autoritätserhalt und Selbstrechtfertigung hinter überzogenen und abgehobenen, weil vor der geschichtlichen und/oder wissenschaftlichen Realität faktisch unhaltbaren Unfehlbarkeitsansprüchen verschanzen zu müssen.

## 23a ~ Weggemeinschaft

*Die mittlerweile meisten meiner großen Wanderungen habe ich allein unternommen, selten oder nur abschnittsweise zu zweit. Nicht dass ich mich nicht über Weggefährten gefreut und sie auch immer wieder gesucht hätte; aber es hat sich halt so ergeben. Und mit den Jahren hat es mir auch weniger ausgemacht, allein zu gehen; ich habe – neben manchen Schwierigkeiten – sogar einen kleinen Vorteil darin entdeckt: Alleine ist man angewiesener auf und offener für neue Kontakte und Begegnungen; man ist auch leichter ansprechbar durch Menschen, die den Weg säumen. Schon zu zweit und gar als Gruppe bildet man eine abgeschlossenere Einheit, die man von außen nicht so leicht „stört". Als Einzelner wird man schnell angesprochen – oft schon nur des Alleinseins wegen.*

*Dennoch habe ich auch einige Erfahrung im gemeinschaftlichen Gehen größerer Wegstrecken gesammelt und dabei einige mir wesentlich scheinende Beobachtungen gemacht:*

*1. Vom relativ seltenen und ohnehin nur bei kleinen Gruppen vorkommenden Fall abgesehen, dass alle Gruppenmitglieder in etwa über dieselbe pedestrische Erfahrung, physische Kondition, Kenntnis der Wegstrecke und ihrer spezifischen Herausforderungen etc. verfügen, benötigt eine Weggemeinschaft eine Leitungsstruktur mit klarer Rollen- und Aufgabenverteilung. Das bedeutet nun nicht, dass alle Führungs- und Leitungsaufgaben bei einer Person liegen müssen; es kann ja vorkommen, dass ein Gruppenmitglied zwar Gegend und Gelände am besten kennt, ein anderes dafür die Gruppe und ihre Mitglieder, ein drittes vielleicht über die größte soziale Kompetenz verfügt, die unterschiedlichen, in jeder Gruppe vorhandenen Stärken, Schwächen und Interessensunterschiede auszugleichen bzw. zu koordinieren. Wer entscheidet in so einem Fall dann über die Wegstrecke, wer über Gehtempo und Takt der Pausen? Wer koordiniert und moderiert die Gruppe, wenn es zu internen Konflikten und Spannungen kommt? Wer achtet insbesondere auf die schwächeren Gruppenmitglieder und nimmt deren Interessen und Bedürfnisse wahr? Diese Herausforderungen stellen sich früher oder später jeder Weggemeinschaft und sind zu lösen. Eine klare, von allen anerkannte, weil sachlich begründete Kompetenzverteilung ist dabei sehr hilfreich. Und dazu ist wiederum wichtig, dass schon die Art und Weise, wie diese zustande kommt und dann ausgeübt wird, von möglichst allen geteilt und akzeptiert wird. Sie ist jedenfalls nicht gleichbedeutend mit monokratisch-autoritären Strukturen – im Gegenteil.*

*Ich kenne eigentlich nur eine Situation, in welcher alle Führungsaufgaben und -entscheidungen klar bei einer Autoritätsperson angesiedelt sein müssen: Es ist die klassische Situation, in der eine Gruppe sich einem (Berg-)Führer anvertraut, weil sie selbst nicht über die nötigen Kenntnisse und Kompetenzen verfügt, um einen Weg unter verantwortbarem Risiko bewältigen zu können: Diesem Führer allein kommt es dann zu, über Wegstrecke, Gehtempo, Rastpausen, Begleitmaßnahmen und allenfalls auch über Abbruch, Zieländerung oder Umkehr zu entscheiden. Aber wohlgemerkt: Dass eine Gruppe sich in eine solche Situation begibt, ist erstens ihre freie Entscheidung; zweitens muss die Autorität der Führungsperson durch ausgewiesene Sachkompetenz gerechtfertigt und begründet sein; drittens sind solche Situationen nicht der Normalfall für eine Weggemeinschaft, sondern in der Regel klar begrenzt auf besonders heikle, weil schwierige, gefährliche oder riskante Wegabschnitte.*

*2. Für den Stil, für die spezifische Art und Weise, wie eine Gruppe gemeinsam unterwegs ist, ist ihre Größe von entscheidender Bedeutung. Ab einer gewissen Anzahl von Mitgliedern ist es praktisch unmöglich, wirklich beisammen zu bleiben – zumindest über größere Wegstrecken hinweg. Früher oder später bilden sich immer Untergruppen: die schnelleren „Sportler", die bedächtigeren „Genießer", die auch an Neben- und Umwegen interessierten „Neugierigen", die physisch schwächeren oder verletzungsbedingt „Langsamen" etc. Für ein paar Stunden mag es noch angehen, alle irgendwie beieinander und bei Laune zu halten, Lasten neu zu verteilen und irgendeinen Kompromiss herzustellen. Auf Dauer aber ist das kaum durchzuhalten und wird damit nur allen das Gehen verleidet.*

*Erfahrene Berg- und Wanderführer beginnen deshalb rechtzeitig damit, große Gruppen in kleinere Einheiten aufzuteilen. Das bedeutet deshalb noch lange nicht den Zerfall der Weggemeinschaft und die Aufgabe des gemeinsamen Weges – im Gegenteil! Es ist einfach eine notwendige Maßnahme, um wirklich auf einem gemeinsamen Weg zu bleiben, ohne dass die Gruppe langsam aber sicher zerfällt, weil alle sich innerlich von ihr verabschieden. Was in so einer Situation notwendig ist, ist einfach die Ausweitung von Leitungs- und Führungsaufgaben: Verantwortliche für die Untergruppen sind zu finden und zu bestimmen; gegebenenfalls sind Sonderwege für Teilgruppen zu vereinbaren; auf alle Fälle aber braucht es regelmäßige und egalitär geregelte Absprachen der einzelnen Verantwortungsträger und ganz gewiss auch gemeinsame Stationen, in denen die Gruppenmitglieder sich wieder durchmi-*

*schen, ihre unterschiedlichen Wegerfahrungen miteinander teilen und sich so wieder als Gemeinschaft erfahren, die vor allem eines verbindet: die Freude am gemeinsamen Weg – selbst wenn die einzelnen Gangarten dabei sehr unterschiedlich sein können.*

*3. Damit komme ich zu einer weiteren Beobachtung, die eigentlich nur die Synthese der beiden vorhin beschriebenen ist: Das Gehen in Gemeinschaft erfordert natürlich ein gewisses Maß an Anpassung, an Unter- und Einordnung des Einzelnen. Sobald dieses Maß aber überspannt wird, verliert sich auch die Freude am Gehen selbst, zumindest die am gemeinsamen Unterwegs-Sein. Die Verpflichtung aller auf eine einzige, uniforme Gangart „um der Einheit willen" führt also ab einer gewissen Gruppengröße mit Sicherheit zum Verlust der inneren Zustimmung gerade dazu. Ist aber dieser Punkt erreicht, hört eine Weggemeinschaft auf, eine solche zu sein. Manchmal wird so eine Gruppe noch für eine gewisse Zeit durch ein äußeres Regelwerk formell zusammengehalten; aber ihre Gemeinschaft ist in Wirklichkeit hohl geworden, höchstens durch für den Einzelnen schwer verzichtbare Notwendigkeiten konstituiert, in Wirklichkeit aber entbehrt sie jeder Tragkraft und eigenständigen Lebendigkeit. Deshalb gilt als Maxime für eine dauerhafte, stabile, treue Weggemeinschaft: Soviel Organisationsstruktur und Einheitlichkeit wie unbedingt nötig, soviel Freiheit und Eigenverantwortung für den Einzelnen bzw. einzelne Untergruppen wie möglich.*

*Die schönsten Erfahrungen gemeinsamen Gehens habe ich jedenfalls mit jenen reifen Weggefährten gemacht, die das Maß ihres Schrittes nicht am anderen nahmen, sondern an sich selbst, und dasselbe Recht auch allen anderen Gefährten zugestanden, und wo die Weggemeinschaft nicht im äußeren Zusammenbleiben gründete, sondern im Vertrauen darauf, dass niemand aufgegeben und die Anderen da sein würden, sobald ein Wegabschnitt den Zusammenhalt und Gleichklang der Gruppe erforderte.*

*Freilich kann es in der Realität auch vorkommen, dass eine Weggemeinschaft von Teilen derselben aufgekündigt wird oder überhaupt zerbricht, weil das nötige Maß an Gleichklang und Gemeinschaftswillen nicht mehr vorhanden bzw. herstellbar ist. Dieser Fall ist gewiss immer schmerzlich, aber als Teil der Wirklichkeit zu akzeptieren.*

# *23b* ~ Hirten (Joh 10,1-16)

Das in den meisten christlichen Kirchen vorherrschende Verständnis des Leitungsamtes inspiriert sich am biblischen Bild von Hirte und Herde. Wer dabei mit der Herde gemeint ist, darüber herrscht – zumindest in einer Hinsicht – allgemeiner Konsens: Die „Laien“ gehören auf alle Fälle dazu. Hinsichtlich des Hirten wird es da schon schwieriger: Das Evangelium spricht vom guten Hirten immer nur in der Einzahl, und es gibt nirgends einen Hinweis darauf, dass damit ein Super-Apostel gemeint wäre – etwa Petrus und folglich dann dessen Nachfolger. Es spricht vielmehr alles dafür, dass der biblische gute Hirte ein Bild für Gott selbst ist bzw. für Jesus Christus, der sich einmal selbst als der gute Hirte bezeichnet. Auch im 1. Petrusbrief ist einmal von einem *„Hirten und Bischof eurer Seelen“* die Rede und eindeutig Christus damit gemeint. Trotzdem hat sich im Verlauf der Kirchengeschichte schon sehr früh auch für das kirchliche Leitungsamt das Bild des Hirten etabliert: Immerhin erteilt der auferstandene Christus am Ende des Johannes-Evangeliums Petrus selbst den Auftrag: *„Weide meine Schafe!“* Von da aus ist das Hirten-Motiv dann generell auf die kirchlichen Amtsträger übergegangen, sodass man zuweilen überhaupt vom „kirchlichen Hirtenamt“ spricht; auch Begriffe wie „Pastoral“ oder „Pastor“ leiten sich bekanntlich davon ab.

Die biblischen Gleichnisse vom guten Hirten sind jedenfalls mit Vorsicht zu genießen – nicht nur aus den genannten Gründen und deshalb, weil Jesus in genau so einer „Hirten-Rede“ einmal auch sehr heftige Kritik an den „bezahlten Hirten“ übt, und sich die Frage erhebt: Wer, wenn nicht die hauptamtlichen, kirchlichen Amtsträger sollten sich damit wohl heute angesprochen fühlen? – Problematisch ist ein oberflächlicher, leichtfertiger Umgang mit dem Hirtenbild aber zumal in einer Kultur, die vom Hirtenleben kaum mehr etwas versteht. Da sind Missverständnisse vorprogrammiert. Und in einer Religionsgemeinschaft wie meiner römisch-katholischen Kirche, wo sich eben ganze Berufsbilder, Amtstheologien und Kirchenstrukturen an diesem Bild orientieren, wiegen solche Missverständnisse und Fehlinterpretationen dann besonders schwer.

Ich hatte auf meinen zahlreichen Weitwanderungen durch entlegene Gegenden Südost-Europas und des Orients jedenfalls oft Gelegenheit, wirkliche Hirten bei ihrer Arbeit zu beobachten und mich mit ihnen darüber zu unterhalten. Und ich habe dabei viel Interessantes erfahren. Das Wichtigste: Normalerweise geht ein Hirte seiner Herde nicht voran, sondern immer hinterher. Diese Tatsache findet übrigens auch in jenem griechischen Wort seinen Niederschlag, das im Evangelium durchwegs die „Schafe" bzw. die „Herde" bezeichnet: τὸ πρόβατον (tò próbaton) bzw. plural τὰ πρόβατα *(tà próbata)*. Dieses Wort setzt sich zusammen aus προ (pro) = vor/vorne und βαίνω (baíno) = gehen. Die Schafe bzw. die Herden sind also die „Vorne-Geher" bzw. „Voran-Geher" – nicht die Hirten!

Das steht in gewissem Widerspruch zum Evangelium: Dieses spricht ja von einem Hirten, der seiner Herde vorausgeht. Das kommt in der Realität aber eigentlich nur in einer Situation vor: in der extremen Wüste, wo Herdentiere offenbar auf das überlieferte Orientierungswissen ihrer Hirten über erreichbare Wasserstellen angewiesen sind. Aber die Wüste ist ja nicht der Normalfall für eine Herde. Ich neige auch deshalb dazu, das biblische Bild vom vorangehenden Hirten ausschließlich der Person Jesu zuzusprechen. Eine Übertragung auf andere Personen ist problematisch. An Jesus allein haben Christen sich zu orientieren, ihm allein zu folgen.

Tatsächlich steht aber besonders meine römisch-katholische Kirche ständig in Gefahr, dass ihre Amtsträger sich an die Stelle des einen guten Hirten setzen und sich so gebärden, als ob die Kirche ihnen gehörte: *Sie* wollen bestimmen und vorangehen. *Sie* legen autoritativ fest, wohin die Herde zu gehen hat. *Sie* glauben, am besten zu wissen, was für die Herde gut ist und was nicht. Sie bestimmen auch das *Tempo* der Herdenwanderung. Und wer will bestreiten, dass sie in den vergangenen Jahren ziemlich gebremst und lieber in Kauf genommen haben, dass ungeduldige „Schafe" aus der Herde davongerannt sind, als dass sie die Schwerfälligen und Bremser angetrieben hätten?[6] – So aber funktionieren Herden nun einmal nicht.

Meine echten Hirten haben mich jedenfalls anderes gelehrt: Ihre Tiere, haben sie mir stets versichert, hätten (außer wie gesagt in der extremen Wüste) in aller Regel selbst das beste Gespür für

[6] Als Rechtfertigung für die aktuelle Behäbigkeit des Kirchenkurses werden mittlerweile auch andere Bilder bemüht, wie etwa dieses: Die römisch-katholische Kirche sei ein „Super-Tanker", der Kurswechsel eben nur sehr langsam vornehmen könne. Abgesehen davon, dass dieses Kirchenbild jeder biblischen oder theologischen Grundlegung entbehrt, vergessen seine Erfinder, dass ein Super-Tanker in der Realität ein umso vorausschauenderes, dann aber auch entschlosseneres und oft auch radikaleres Steuern verlangt – weil er eben so langsam auf die einzelnen Steuermanöver reagiert! Die Art und Weise aber, wie die katholische Kirchenführung etwa auf den bereits seit wenigstens 30 Jahren (!) abzusehenden personellen Notstand in der Leitung ihrer Gemeinden reagiert, lässt gerade diese Charaktereigenschaften schmerzlich vermissen.

taugliche Weideplätze. Sie halten sich normalerweise an die vorhandenen Wasserläufe und wandern diese entlang. Dort findet man dann alle auch leicht wieder. Die Aufgabe der Hirten besteht also gerade *nicht* darin, die Wege der Herde zu bestimmen. In der Regel koordinieren sie mit ihren Rufen die Herden lediglich so, dass sie sich nicht allzu weit verstreuen. Und gegen Ende des Tages erinnern sie mit ihrer Stimme daran, in welcher Richtung das Zuhause liegt. Dann kommen die Tiere schon von selbst, wenn sie merken, dass das Licht schwächer wird.

Am schwierigsten, so haben mir meine Hirten versichert, sei eigentlich der Umgang mit den langsamen Tieren: Jene, die nicht mithalten *können* – etwa weil sie krank oder verletzt sind –, müssen oft überhaupt abgesondert werden. Jene aber, die nicht mit der Herde weiter ziehen *wollen*, weil sie sich lieber mit den alten Futterplätzen begnügen – die brauchen ab und zu schlichtweg einen Tritt in den Hintern. Denn jeder gute Hirte weiß: Eine Herde muss in Bewegung bleiben; sie darf nie zu lange am selben Ort verharren, weil sie sonst die eigenen Ausscheidungen mitfrisst und davon krank wird.

Was das wohl alles für meine Kirche bedeuten könnte: für die beständige Notwendigkeit von Veränderung und Neuaufbruch etwa bzw. für den Umgang mit der Spannung zwischen reformorientierten und traditionsverliebten Kräften! Oder was müsste es doch für ein gesundes Selbstbewusstsein der so genannten „Laien" bedeuten, wenn die Hirten meiner Kirche den besten „Riecher" für gute Nahrung nicht sich selbst zusprächen, sondern ihrer Herde! – Genau dieses Zutrauen fehlt mir aber allzu oft. Stattdessen wächst und überwiegt mittlerweile der Eindruck wachsender Entfremdung zwischen Kirchenvolk und Kirchenleitung.

Entfremdung! – Beklemmend dazu das Wort einer weiteren Evangelienstelle zur Hirten-Thematik: *„Einem Fremden … werden sie* [die Schafe der Herde] *nicht folgen, sondern sie werden vor ihm fliehen, weil sie die Stimme des Fremden nicht kennen."* Und weiter: *„Dieses Gleichnis erzählte ihnen Jesus; aber sie verstanden nicht den Sinn dessen, was er ihnen gesagt hatte."* – Ist mit diesen Worten am Ende der aktuelle Zustand der real existierenden römisch-katholischen Kirche beschrieben? Ist die hier angesprochene Fluchtbewegung denn nicht längst in Gang? Und aus Gründen, die das Evangelium selbst beschreibt! – Verlassen nicht viele Menschen diese Kirche, weil sie in der Stimme ihrer Oberhirten nicht mehr die Stimme *des einen* guten Hirten erkennen können? Weil sie – im Gegenteil! – manche ihrer angeblichen Hirten stattdessen als gemeine Diebe erfahren mussten, die nicht gekommen waren zu hüten, sondern um – etwa sexuell – auszubeuten und ihren Machthunger zu stillen? Und viele Menschen gehen wohl auch deshalb davon, weil jene, die in Nachfolge der Apostel das Hirtenamt für sich reklamieren, das Gleichnis von Hirte und Herde bzw. das Handwerk des Hirtenamtes immer noch nicht verstanden zu haben scheinen oder nicht verstehen wollen.

Dabei wäre es gar nicht so schwer: Sich im Hirtenamt einfach ein wenig zurücknehmen. Hirten müssen nicht alles entscheiden. Es genügt – wie richtige Hirten – einfach immer wieder auf die Weideplätze, also in die Lebenskontexte der Menschen zu gehen und die Stimme zu erheben – aber nicht um den Menschen zu sagen, wo's langgeht und was sie zu ihrem Glück brauchen, sondern einfach um zu erinnern, in welcher Richtung es ein Zuhause gibt: mit der Botschaft des Evangeliums also zu erinnern an den einen festen Punkt, den jeder Mensch für seinen Weg braucht: als Ausgangspunkt, als Orientierung für unterwegs, als Ziel.

## 24a ~ Gehen ohne Füße

*Gehen gehört nicht nur zu meinen Lieblingsbeschäftigungen. Es ist mir eine wesentliche Kraft- und Inspirationsquelle des Glaubens. Das dürfte in den vorangegangenen Seiten deutlich geworden sein. Was aber tut ein Mensch, der gar nicht gehen kann, weil er an den Beinen gelähmt ist oder gar keine Beine mehr hat?*

*Vor einigen Jahren starb ein Mann, der ab seinem 32. Lebensjahr 45 Jahre lang gelähmt war – beinahe vollständig, nicht nur an den Beinen. Er war verheiratet bis zuletzt, davon nur knappe 4 Jahre ohne Lähmung; dann ereilte ihn der folgenschwere Unfall. Er hat mit seiner Frau viel geredet und gerne Bücher gelesen, wobei ihm seine Frau jede Seite umblättern musste. Er hat mit wachem Interesse das Geschehen in Politik und Wirtschaft, in den Kirchen und Religionen verfolgt. Und er hat unter großen Mühen – mit einem Stäbchen im Mund – unzählige Briefe auf einem Spezial-Computer geschrieben. Kurz vor seinem Tod sagte er zu einem Freund: „Mit mir geht's jetzt zu Ende. Ich bin dankbar für jeden Tag, den ich noch leben darf. Aber ich lasse ruhig auf mich zukommen, was da kommen wird."*

*Gleich zweimal ist in diesen Worten vom „Kommen" die Rede, einmal taucht das Wort „gehen" auf. Allein daran wird erahnbar, wie sehr auch dieser Gelähmte sein Leben – bis zuletzt – unter den Zeichen ständiger Bewegung verstanden hat – er, dessen körperlicher Bewegungsspielraum doch auf ein Minimum reduziert war! Trotz seiner Lähmung ist dieser Mann sein ganzes Leben lang auf seinem schweren Pilgerweg geblieben, ohne aufzugeben*

*– und mit ihm seine Frau. Nach dem Tod ihres Mannes hat sie in aller Schlichtheit gesagt: „Wir haben uns ja zum Ziel gesetzt und am Beginn unseres gemeinsamen Weges versprochen, einander zu lieben, achten, ehren und treu zu sein in guten und in schweren Zeiten, in Gesundheit und Krankheit, bis der Tod uns scheidet. Es gab für mich keinen anderen Weg als den an seiner Seite."*

*Mir ist die Erinnerung an dieses Ehepaar wichtig: Wie diese beiden gibt es noch unzählige andere Menschen, denen es aufgrund körperlicher oder anderer Umstände nicht möglich ist, so wie ich tage- oder gar wochenlang zu gehen. Aber auch für sie gibt es ein Ziel – und einen Weg dorthin, dem es treu zu bleiben gilt.*

## 24b ~ Sehnsucht *(Mt 25,1-13)*

Wie wenige andere Bibelstellen steht das Gleichnis von den klugen und den dummen Jungfrauen in Gefahr, gründlich missverstanden zu werden. Es entspricht – oberflächlich betrachtet – so sehr einer gutbürgerlichen Moral, dass der kritische Bibelleser eigentlich sofort alarmiert sein müsste, weil er mit so einer konventionellen Deutung des Gleichnisses unweigerlich in Konflikte geraten muss mit anderen Kennzeichnungen des Gottesreiches, wie sie das Evangelium vorstellt.

Diese gutbürgerliche Deutung des Gleichnisses läuft in etwa auf ein Lob von Nachhaltigkeits- und Vorsorgedenken hinaus: Die dummen Jungfrauen würden also mit dem Ausschluss von der Hochzeitsfeier dafür bestraft, dass sie einfach leichtsinnig in den Tag bzw. in die Nacht hinein gelebt hatten, dass sie es an Vorsorge mangeln lassen und sich damit begnügt hatten, „von der Hand in den Mund" zu leben. Das aber sei zu wenig für das Gottesreich, das offenbar eine Moral der Nachhaltigkeit verlangt. Diese findet sich bei den „klug" genannten Jungfrauen: Sie haben vorgesorgt; sie wissen um die Begrenztheit aller Ressourcen und haben sich entsprechend darauf eingerichtet. Sie sind wie Durchschnitts-Mitteleuropäer, die laut einer vor einigen Jahren veröffentlichten Studie mit einem Vermögen von rund € 150.000,– sterben. – Öl für € 150.000,–! Da kann der Bräutigam ruhig noch einige Nächte auf sich warten lassen! Mit konsequent und vorausschauend angesparten Reserven lässt sich bei Fortführung der schon bisher sparsamen Lebensführung bequem noch eine Weile ausharren; da kann man sich auch schon einmal getrost ein wenig aufs Ohr legen; so schnell wird das nötige Öl nicht ausgehen.

Spätestens hier muss sich beim aufmerksamen Bibellesen Widerspruch regen: Gibt es im Evangelium denn nicht auch das Gleichnis vom reichen Narren, der – ebenso vorausschauend wie die klugen Jungfrauen – für seine riesige Ernte neue, größere Vorratsspeicher errichten will – nicht bedenkend, dass schon in der folgenden Nacht sein Leben zurückgefordert werden könnte? Singt die berühmte Bergpredigt Jesu nicht im Gegensatz dazu ein Loblied auf die Vögel, die – gar nicht vorausschauend – weder säen noch ernten, sondern einfach von dem leben, was der Tag ihnen aus der Hand Gottes schenkt? Und findet sich im Evangelium nicht etwa auch das Lob auf die arme Witwe, die ihren letzten Cent in den Opferkasten wirft – ohne Berechnung, ohne sich zu fragen, wovon sie danach leben soll? Ja, und muss nicht überhaupt das unsolidarische Verhalten der im biblischen Gleichnis so gelobten klugen Jungfrauen sauer aufstoßen, die doch in krassem Gegensatz zu manch großen Gestalten solidarischen, selbstlosen Teilens im Sinne christlicher Caritas – man denke nur an Martin von Tours oder Elisabeth von Thüringen – gerade *nicht* teilen mit jenen, die nichts (mehr) haben, und die dafür dann auch noch Lob und Anerkennung ernten?

All diese Widersprüche können nun aber nur bedeuten, dass das vorrätige Öl im Gleichnis letztlich für etwas anderes stehen muss; für etwas, das man eben nicht teilen *kann*, wofür jeder Mensch selbst verantwortlich ist, worum sich zu sorgen keiner dem Anderen abnehmen kann. Natürlich – eine bloß mehr oder minder materialistische Deutung wird dem Evangelium ohnehin nie gerecht. Es muss im Gleichnis von den törichten und klugen Jungfrauen also um etwas ganz anderes gehen als um ein bloßes Lob von Nachhaltigkeit und vorausschauend-sparsamer Lebensführung.

Manchmal wird dieses Gleichnis deshalb als Parabel über die Wachsamkeit gedeutet, weil das der Vers, mit dem die Perikope abschließt, auch so nahelegt. Aber auch das ist eine nur vordergründige Deutung und eigentlich nicht schlüssig: Denn immerhin wird erzählt, dass *alle* Jungfrauen einschliefen, als der Bräutigam allzu lange auf sich warten ließ. Mit dem abschließenden Mahnruf zur Wachsamkeit führt hier die Bibel selbst ein wenig in die Irre.

Fassen wir zusammen: Es geht in diesem Gleichnis nicht um bloße Lebensstilfragen, um Nachhaltigkeit, Vorsorge und Sparsamkeit. Es geht auch nicht bloß um die Tugend der Wachsamkeit. Es muss dagegen um etwas gehen, das nicht teilbar ist, wofür jeder Mensch unvertretbar selbst verantwortlich ist – und zugleich um etwas, das sich erschöpfen, das ausrinnen und verlöschen kann, wenn es nicht unterhalten und genährt wird wie das Feuer einer Lampe.

Ich unternehme einen Antwort-Versuch: Was die klugen von den dummen Jungfrauen des biblischen Gleichnisses unterscheidet, ist die Tatsache, dass sie offenbar mit einem längeren Atem leben, dass sie mit längeren Zeitspannen und Wegstrecken rechnen – mit Durststrecken. Und da kenne ich mich aus: Meine eigene Erfahrung als Weitwanderer hat mich oft und oft gelehrt, dass es eine unerlässliche Grundbedingung gibt für das Durch- und Aushalten langer Wegstrecken – und zwar noch wichtiger als ausreichend Wasser und Proviant und deren kluge Einteilung: die treue Leidenschaft für ein Ziel. Die postmoderne Weisheit, wonach der Weg selbst schon das Ziel sei, ist unrealistischer Stumpfsinn. Wer wirklich um die Mühen und manchmal sogar Qualen langer Durststrecken weiß, weiß auch, dass es zum Durchhalten ein entschieden gewähltes Ziel braucht – ein Ziel, das vom Weg selbst unterschieden und nicht einfach mit diesem identisch ist. Vielleicht ist der Spruch „Der Weg ist das Ziel" heute aber gerade *deshalb* so populär: Er dispensiert scheinbar davon, sich auf ein Ziel festzulegen, eine klare Entscheidung zu treffen und ihr auch dann treu zu bleiben, wenn es mühsam und schwierig wird. Genau dagegen könnte eine Aussage des biblischen Gleichnisses stehen: Du brauchst etwas, das dein Feuer am Leben hält, wenn die Nacht auch lang ist – und zwar ein Ziel, einen Sinn, ein Woraufhin deines Lebens oder wenigstens ein Warum. „*Wer ein Warum zu leben hat, erträgt fast jedes Wie*", hat der so ungemein scharfsinnige Philosoph Friedrich Nietzsche einmal formuliert.

Doch Vorsicht! Auch das könnte schon ein Zuviel an Gesagtem sein: Die allzu selbstgewisse Formulierung eines Sinns könnte selbst wiederum der Wachsamkeit abträglich sein. Die Verfolgung eines allzu sicher gewussten Ziels kann ja in faule Routine abgleiten, welche die Fackel ebenfalls zum Erlöschen bringen kann: nicht aus Mangel an Öl, sondern wegen eines Zuviels an Asche. Weil es bei unserem Gleichnis ja um das Gottesreich geht, möchte ich diese Aussage auch noch einmal religiös wenden: Die allzu sichere Formulierung von Glaubenssätzen, das allzu vertrauensselige Bekennen religiöser Verheißungen und die davon abgeleitete, allzu unkritische Übernahme und Befolgung religiöser Lebensregeln kann den Glauben zum inhaltsleeren Vollzug korrumpieren lassen, kann sein Feuer in ein allzu viel Asche produzierendes Dahinqualmen abdämpfen.

Was es für die Jungfrauen des biblischen Gleichnisses also noch wesentlicher braucht als eine klar formulierte Ursache und ein entschiedenes Woraufhin ihres Wartens – was allein das eigentliche, unerschöpfliche Öl sein könnte, das ihre Fackeln am Brennen hält: Es ist nicht einfach ein sicheres Ziel ihres Ausharrens, es ist nicht die verheißene Gewissheit, dass da ein Bräutigam kommen wird; es ist vielmehr die bloße *Sehnsucht* nach solch einem Kommen! So eine bloße Sehnsucht scheint weniger zu wiegen als die angebliche Gewissheit christlichen Glaubens. Im Grunde genommen ist sie jedoch sein eigentliches Synonym: Glaube ist primär Sehnsucht – nicht Sicherheit! Wunde – nicht Pflaster! Die Sehnsucht des Glaubens muss jeder Mensch in sich offen und wach halten. Diese Sehnsucht kann niemand stellvertretend für einen Anderen nähren oder mit ihm teilen. Diese Sehnsucht allein verhindert, dass dem Feuer des eigenen Lebens der Brandherd abhanden kommt. Und wehe dem, der meint, diese Sehnsucht stillen zu können oder ihr Ziel bereits erreicht zu haben: Qualm, Dunkelheit, Stillstand!

IMPRESSUM

ISBN 978-3-222-13349-7





*Lektorat:* Reinhard Deutsch
*Cover- und Buchgestaltung:* Bruno Wegscheider
*Fotos:* Markus Schlagnitweit

*Bildbearbeitung:* Pixelstorm, Wien
*Druck:* Druckerei Theiss GmbH,
St. Stefan im Lavanttal